湛庐CHEERS

与最聪明的人共同进化

HERE COMES EVERYBODY

变与不变

THE PARADOX OF CHANGE

彭志强　著

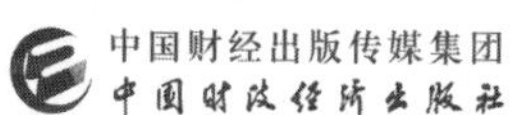

你对“商业创新”了解多少?

扫码激活这本书
获取你的专属福利

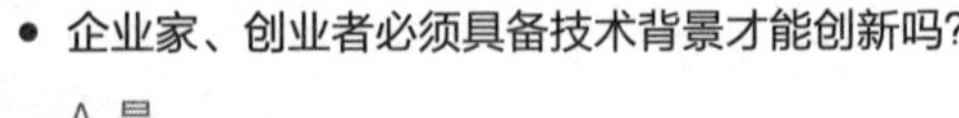

- 企业家、创业者必须具备技术背景才能创新吗?

  A. 是

  B. 否

- 企业家、创业者在进行创新时，往往意识不到“钻石”就在自家后院。这里的“钻石”是指：

  A. 资金

  B. 隐性资产

  C. 人才

  D. 市场

扫码获取全部测试题及答案，
一起了解“商业创新”的
真相

- 企业家、创业者应该将多少时间花在客户身上?

  A. 100%

  B. 90%

  C. 99%

  D. 50%

扫描左侧二维码查看本书更多测试题

赞誉

时代是一条奔涌的河流，如何以赤诚的初心，拥抱激流？如何既能把握当下世界之大变局，又能坚守不变背后的第一性原理？本书“变”与“不变”的哲学思考和经典案例，给我们带来了很大的启发。

陈湖雄

上海晨光文具股份有限公司总裁

这本书充满了理性的思考，作者 25 年如一日专注中国创新事业，持续研究、实践、赋能众多创新创业者走向成功，其对未来趋势的思考和创新方法论的总结值得每一位创业者深入阅读。读书是我们丰富经验价值清单的重要方式，在当今科技浪潮蓬勃发展的时代，如何具备前瞻性视野？你可以在本书中找到答案。

池宇峰

完美世界创始人、董事长

“一米宽，一百米深”，25 年来，广联达聚焦建筑行业数字化，推动持续创新体系建设，也是 CIC 产业孵化模式的探索与实践。在高质量发展阶段，在人工智能新时代，企业要更关注数字技术的价值。本书向创业者们揭示了创新创业之道，拥抱变化，坚守不变，让企业核心价值突显。

刁志中

广联达科技股份有限公司创始人

商业创新不全由宏大技术驱动，它更需要新的思维和新的模式。《变与不变》所讲述的就是穿越复杂周期的思维与模式。坚守基本的生意逻辑，理解经济周期的基本规律，在变化中寻找真实及不变的需求。长期主义战略，就是变与不变的行动哲学。

何刚

《财经》杂志主编

《哈佛商业评论》中文版主编

企业家精神是一种重要而特殊的无形生产要素，十分稀缺，非常宝贵。而只有那些敢于创新、勇于坚守、心系社会、业绩不凡的企业领导者，才称得上企业家。在盛景网联任董事长的彭志强先生，称得上具备企业家精神、持有深刻见解的投资人和企业家。阅读这本书，可以启迪和帮助创业者以“长期主义”和“专业主义”的精神与能力，力求做好、做强、做大企业，实现创新发展目标。

贾康

经济学家

华夏新供给经济学研究院创始院长

未来 10 年，将会是中国的“钻石 10 年”。在存量博弈的市场中，唯有高质量强品牌才是穿越周期的核心保障。这与彭志强先生在《变与不变》中的观点得以相互印证。看懂各行各业 K 型分化新格局，拥抱变化、顺势而为，同时坚守“创造真实价值”的经营逻辑不变，才能赢得可持续增长。

江南春

分众传媒创始人、董事长

在百年未有之大变局、瞬息万变之大市场环境中，寻求企业不变的发展智慧，是《变与不变》这本书给予企业家们的思考。如何把握“变化”带来的重大机遇，如何坚守“不变”的经营本质，如何以及时极致的产品和服务率先赢得市场和客户，成为下一个王者，这本书给企业经营者提供了思考方向，值得学习。

蒋锡培

远东控股集团创始人、董事局主席

这是一本让人拿起放不下、想一口气读完的“厚”书。厚不在于篇幅，在于话题和观点的厚重。变与不变，如何在变局中实现转型发展，是企业管理者和投资人在制定战略时需要考虑的核心要素。彭志强先生在书中为我们系统梳理了今天中国企业面临的新的广阔空间和机遇，深入分析了支撑企业可持续发展的不变的力量，给企业如何拥抱变革提出了很有价值的建议。

李蓬

联想控股股份有限公司首席执行官

大变局，意味着大机会，也意味着投资底层逻辑的改变。本书系统全面地分析了当下的“变”与“不变”，给投资者指出了一条可行的道路，是作者多年投资实践的体会和结晶，值得学习、参考和实践。底层不变的就是：相信国运，升级策略，做多中国。

李竹

英诺天使基金创始合伙人

经过33年的发展，中国资本市场正在蓬勃兴起并被寄予厚望，中国式现代化离不开资本的繁荣和有序发展。作者作为中国创新创业事业的投资者和实践者，其对资本市场的深入理解与洞见，值得投资者们借鉴。看透“变与不变”的本质，才能牢牢抓住时代新机遇。

刘纪鹏

经济学家

中国政法大学资本金融研究院院长

软通动力致力于为千行百业数字化转型助力，第二曲线创新和创新业务孵化培育是软通动力当下的战略重点。变与不变，辩证统一，这本书向创业者和投资人诠释了在“百年未有之大变局”下的企业转型升级之道。

刘天文

软通动力集团创始人、董事长兼首席执行官

我与彭志强先生相识在紫光，相聚在亚杰，相知在盛景。思变是他的特质，不变是他的坚守。25 年的职场拼搏，彭志强先生用心、用脑、用实践、用激情，凝练了一个研究者的商业孵化模式、极简战略问答和曲线创新“舞步”，诠释了一个创投者视角的变与不变。读此书如见真人，号脉点穴，受益匪浅。

宋军

中国科协原党组成员、书记处书记

做企业要遵循四大主义和四大核心。四大主义是务实主义、专业主义、长期主义和客户主义；四大核心是核心业务、核心专长、核心市场和核心客户。《变与不变》这本书不仅为我们展望了企业未来的重大机遇，同时还提供了系统创新方法论帮助创业者构建核心竞争力，实现高质量发展，是一本值得反复阅读的好书。

宋志平

中国上市公司协会会长

中国企业改革与发展研究会会长

作者以 25 年创业和投资实践，研究了中国企业面向未来的战略变革、创新范式，为我们揭示了在“变与不变”复杂环境下稳中求进的关键。书中生动深刻、令人信服的案例，不仅启发我们对未来的洞察力，更提供了实战的思考模式，帮助读者跳出“变与不变”的纠结，找到未来活下去、活得好的立足点，又能“扎深根、做乘法”，活得健康、活得长久！

汪建国

五星控股集团董事长

每次技术变革，都会带来市场和产业层面更大的变化，这种变化的传导是波浪式的，并且一浪高过一浪，所以企业必须持续创新、坚守长期主义。随着人工智能成为全球 IT 技术与产业创新的中心，商业创新也进入全面数智创新的阶段。想要始终站在创新浪潮之巅，这本书你不能错过。

王文京

用友网络董事长兼 CEO

无论是创业还是投资，永远都在把握变与不变。如同开车，以前比速度，速度快能加到油，估值高意味着油还便宜。如今资本寒冬，回归理性，油少且贵（估值低），那开车就要比谁省油，谁效率高，这样才能开得远。创始人就如汽车司机，要改变开车习惯，甚至要换商业模式，这好比换辆车了。但不变的是初心的那个目的地，不变的是遵守商业规则、商业本质。拥抱技术进步，拥抱组织变革，路途艰难且遥远，才能练出“老司机”成熟的创始人和投资人。彭志强先生的《变与不变》是成为“老司机”的好指南。

卫哲

嘉御资本董事长兼创始合伙人

在全球化、技术变革和经济结构转型的三重十字路口，企业家如何抓住变化中涌现的机会？《变与不变》给出了精炼的思维框架和重要的实操建议。中国经济未来的 K 型发展，在挤压路径依赖者的同时，给了创新者更多机会。推动存量经济的高质量发展，需要解决产业链中存在的巨大错配和浪费问题，书中提出的产业数字化与赋能型产业共同体，既是立竿见影的解决方案，也是推动大众创业和创造大规模就业的抓手。

吴晨

《经济学人·商论》执行总编辑

在致力于加快科技成果转化、帮助企业跨越科技创新“死亡之谷”的实践中，我发现真正能带领企业走出迷雾的，是那些能够做到“拥抱变化、坚守不变”的人。当下，中国比以往任何时候都和科技最前沿的水平接近，甚至在个别点已经进入引领状态。创业者通过阅读这本书，可以更好地站在未来看现在，抓住科技创新新机遇。

吴乐斌

中科院创业投资管理有限公司董事长

中生北控生物科技股份有限公司董事长

《变与不变》立足技术变革周期演进、地缘政治、气候危机和人口结构变化，原创性提出K型分化的产业洞察，明确指出全球供应链重构与价值链重组是本轮经济形态的范式结论。以此为基点，作者开出的“药方”简明扼要又醍醐灌顶：企业家精神、创新驱动、价值创造，对于中国式现代化的高质量发展堪称最底层的方法论供给，当为创新者智能时代的创业元认知。

吴声

场景方法论提出者

场景实验室创始人

投资越来越需要关注国家政策和大方向的变化。做创投的长期投资，是和国家的命运紧密联系在一起的。我们一直全仓中国，重仓科技。本书作者身兼三重身份，企业家、研究者、投资人，这三种身份让他的思考更加深入，相信《变与不变》会给更多创业者带来更多启发与思考。

肖冰

达晨财智执行合伙人、总裁

创业不仅需要热情，更需要长期主义和专业主义，需要有将看似矛盾对立的事物辩证统一的能力。认知的局限和思维的僵化是企业发展的最大障碍。给所有心怀梦想的创业者推荐这本书，向长远看，向产业深度看，向科技前沿看，让认知时刻保持与时代同步，就有应对万千不确定性的底气。

徐井宏

中关村龙门投资有限公司董事长

亚杰商会荣誉会长

万物皆有周期，如何既能抓住每一个周期的重大变量，获得突破性的增长机会，又能坚守不变，看清经营的本质，成就基业长青？本书是一本重要指南。

竺兆江

深圳传音控股股份有限公司创始人兼董事长

（按姓氏拼音字母排序，不分先后）

前言

拥抱变化，坚守不变，方可驾驭百年未有之大变局

企业家、创业者和投资人应建立“大历史感”：历史是彩色的，不是黑白的；历史是立体的，不是平面的。当我们年复一年、日复一日地工作与生活之时，殊不知，我们正处于“百年未有之大变局”的新时代。

“变”与“不变”，看似是一个哲学命题，但更是企业家、创业者和投资人在认清复杂的商业世界、做出艰难而重大的决策、驾驭经营管理时面临的永恒难题。

从经济体量上看，中国已成为世界第二大经济体，北上深已经成为世界级城市，房价傲视全球，但是中国居民可支配收入仍将长期处于发展中国家水平。同时，中国“未富先

老”，老龄化加速而至。中国经济未来 20 年依然面临着艰巨的挑战与考验。

国家统计局公布的《中华人民共和国 2022 年国民经济和社会发展统计公报》显示，全年全国居民人均可支配收入 36 883 元，比上年增长 5%。全国居民收入五等份分组，是将所有被调查家庭按照家庭人均收入水平从高到低的顺序排列，然后平均分为 5 份，每组代表的人口约 3 亿人。低收入组人均可支配收入 8 601 元，中间偏下收入组人均可支配收入 19 303 元，中间收入组人均可支配收入 30 598 元，中间偏上收入组人均可支配收入 47 397 元，高收入组人均可支配收入 90 116 元。

国家统计局这组数据意味着，有高达 3 亿人所在的低收入家庭，每月的人均可支配收入仅 716.75 元；同样，有高达 3 亿人所在的中等偏下收入家庭，每月的人均可支配收入仅 1 608.58 元。

这两组数据可能与北上深高耸入云的高楼大厦形成了极大的反差。大城市、大企业的年轻人会对这两组数字感到不可思议，但这才是中国经济的基本盘，才是中国经济的真实底色。因此，全力以赴发展经济、全力以赴实现国富民强、全力以赴提高全体国人的生活水平，尤其是全力以赴保障中低收入阶层的生活以及让老年人老有所养，依然是中国应坚持“不变”的优先级最高的战略。

未来 20 年，帮助中国民众过上更为美好富足的生活，依然是最大的创新和创业机会，依然是最大的投资机会，依然是每一位企业家、创业者的终极使命与价值。这应是“不变”的信仰。

变化，往往孕育着巨大的机会

与此同时，中国过去 30 年来所依托的平和安静的国际发展环境已经不复存在。重塑全球政治、经济、科技格局的“世纪级”巨变正在酝酿之中。

几年来，载入人类史册的新型冠状病毒感染引发的疫情深度扰乱了全球经济发展格局，加之战争的影响，“世纪大棋局”正在迎来变局。

科技是第一生产力。2022 年底，ChatGPT 横空出世，迅速席卷全球，继计算机时代、互联网时代之后，世界正在进入人工智能新时代。

在人工智能时代，我们将会迎来人类历史上最大规模的生产力指数级跃迁，同时，程序员、文员等脑力劳动者——白领所从事的数十种工作，可能面临着被人工智能替代或降低价值的风险。人工智能与机器人合体后则可能替代体力劳动者，由此导致的大规模失业或无用阶层等社会问题亦令人担忧。生产力指数级跃迁发生后，企业间、国家间的贫富差距将被拉大，广泛的失业问题将倒逼人类社会的分配体系进行跨国界、跨阶层的重构和调整。

人工智能会超越人类吗？人工智能的边界到底在哪里？人工智能和人类的关系将会怎样？人工智能背后的人类精英是新的“造物主”还是毁灭人类的危险分子？人工智能必将给这个世界带来前所未有的生产力跃迁，为人类的幸福美好生活造福，但亦有可能给人类带来浩劫，但科技发展不能因噎废食，任何科技进步在早期都会带来恐慌或焦虑。此时此刻，我们需要开展更多全球性、全方位的探索与研究，鼓励百家争鸣、求同存异，最终推动达成人类共识，使科技为人类所用。

生产力指数级跃迁可能导致的国家间、阶层间的贫富差距扩大和割裂，则可能是人类要面临的前所未有的新考验，我们应长期坚守“科技向善”的人类普世价值观。

变化，往往孕育着重大的机会。危中有机，我们要时刻关注哪些重大的机会正在诞生或涌现。所谓“时势造英雄”，任何优秀企业或伟大企业的成功，往往源自对重大机会的有效把握。但与此同时，当重大机会涌现之时，为什么很多企业家、创业者开局完美，但最终未能获得预期之中的成功呢？

因此，“拥抱变化，坚守不变”，是我给各位企业家、创业者和投资人的建言，也是我写作本书的初衷，希望能给身处大变局之中的读者带来启示和力量。

- 所谓“变”，就是要在变化之中主动寻求企业发展的重大机遇，因为只有重大的变化或变量，才能给企业带来实现突破性增长的机会。
- 所谓“不变”，则是要站在长期主义视角，坚守企

> 业经营的基本规律，坚守事物兴衰的本质，坚持从企业经营的内在本质和事物兴衰的基本规律出发，成就长期事业。

“变”与“不变”从字面上看，看似对立和矛盾，是一组“悖论”。在企业经营和人生当中，时常存在这样与那样的“悖论”或“矛盾”。企业发展到底是要“快”，还是要“久”？是要“少”，还是要“多”？是要“聚焦”，还是“跨界”？是要“开放”，还是“封闭”？

一组组“悖论”或“矛盾”摆在企业家和创业者面前，令人颇为困扰和煎熬，管理层之间为此往往争论不休，经理和员工们对此也颇为不解和困惑。

顶级投资机构推崇“非共识性投资”，即要在非共识项目上进行投资。因为如果多数投资机构都一致看好某个投资标的，即“共识性项目”，就会导致被投公司的估值过高，投资机构就难以获得较高的预期收益了。

但是对于“非共识性项目”，投资机构的投委会成员必须形成共识才能形成投资决策，而且出资人群体也要形成方向性共识。同时，投资者在投资这个项目之后，在其进行下一轮融资或者未来走向二级市场以提升估值时，必须在更大范围内达成共识。

因此，在投资一个项目时，对外部各投资机构而言，它是非共识性项目，但对投资机构内部的人而言，它其实是共识性项目。在投后管理、退出阶段，该投资机构则必须使出洪荒之力推动外部更多投资机构对该投资标的形成共识，以完成后续轮融资。只有外部投资机构在二级市场上形成相当广泛的投资者共识，才能令投资标的在二级市场获得较高估值。

因此，**投资机构要在投资时追求“非共识”，投资后推动形成新“共识”。**非共识、共识，这两者看似矛盾，存在冲突，但投资机构必须实现这两个目标，才能获得超额利润。对于看似矛盾的非共识和共识，如果我们能够站在不同视角、不同维度、不同层面、不同时间节点去审视，那么就会发现二者或许可以达到辩证统一。这是辩证统一思想在企业经营和投资中的实践。

很多企业高管和员工时常抱怨企业家、创业者过于理想主义，“既要、又要、还要”——既要销售收入快速增长，又要净利润创造历史新高，还要现金流更加健康良性。这，怎么可能做得到呢？

但其实我们应该反问一句：这，为什么做不到呢？

当然，普通企业与经理人往往达不到这种高标准严要求的目标，但是，优秀企业、优秀经理人一定可以想方设法实现这些看似对立矛盾的目标，或者进行创新突破，或者实施业务流程再造（Business Process Reengineering，BPR），或者显著提高经营效率。总之，方法总比困难多。

当你将看似对立矛盾的事物辩证统一起来后，往往就会发现它们产生了化学反应，迸发了新的力量，产生了新的价值和能力，创造了新的“物种”。这就是创新的力量。

“变”与“不变”如同太极中的阴阳两极，看似对立，实则相互融合，即“刚柔并济”。

“动如脱兔、静如处子”，“在工作中追求卓越，在生活中知足常乐”，“蜡烛的两头同时燃烧”，领导者被喻为“双面神”[①]，企业家、创业者所拥有的辩证统一的独特能力让他们在驾驭对立冲突的矛盾或悖论时毫不违和，甚至颇为自然和轻松。因此，在这场百年未有大变局中，企业家、创业者需要驾驭看似对立矛盾实则辩证统一的经营思维，即“拥抱变化，坚守不变”。

当重大机会来临时，企业家或创业者一定要排除万难、坚定地把握时代所赋予的机会，因为几乎所有重大成功都源自重大机会，源自“重大的变量”。机会到来时，企业家、创业者不能矜持、不能行动缓慢。但同时，企业家、创业者一定要坚决避免成为机会主义者，一定要成为长期主义者，也就是要回归经营本质，紧紧抓住客户价值这一“不变”的企业经营内核。这时，不能浮躁、不能违背基本经营规律。

既要把握“变化”带来的重大机会，但不能成为机会主义者，又要坚守“不变”背后的经营本质，成为长期主义者。这是一组悖论，但突破悖论、战胜悖论，恰恰是企业经营的秘诀。

① “双面神”即雅努斯，是罗马人的门神和保护神。——编者注

“拥抱变化，坚守不变”，这是每一位企业家、创业者和投资人及高管应当建立的辩证统一思维，也是在当今时代驾驭复杂事务的必然思维方式。

大变局之“变”

变化时刻存在，企业家、创业者和投资人应高度关注“重大变量”，这是企业制定战略决策时的重要考量，也是成功投资的重要因素。

重大变量之一：全球政治经济环境发生剧变

近 20 年来，美国受“9·11”事件、2008 年金融危机等影响，综合实力有所下降，但仍试图凭借其军事、经济、科技实力构建由美国主导的单极化世界。于是，中美战略博弈近年来持续发酵。

2018 年起，美国针对中国发动“科技脱钩”，美国政府在 2022 年 8 月正式生效的《芯片和科学法案》(下文简称“芯片法案”）中规定，获得美国政府补贴和税收减免的厂商需要承诺，在 10 年内不得在中国开展任何使半导体生产能力发生实质性提高的重大交易，否则需要全额退还联邦补贴以及减免的税收，这就变相遏制了中国在半导体领域研发与生产的重大进步。

美国作为“消费国”，是全球经济的主力发动机，中国作为“生产国”，对欧美消费拉动的外需依赖度仍较高，而中国购买美国国债对美国稳定消费购买力亦很重要。中美经济颇为扭曲的相互依赖状态在未来 10 年将如何演变？中美双方可能都会面临残酷的阵痛或付出巨大的代价。

过去 20 年，全球化最大的受益者是中国。但现在，以美国为代表的西方国家政客正在推动“去中国的全球化”，这为中国未来发展制造了极大的“变量”。

离开了美国最大消费国的外需拉动，面对美国这个世界强国的处处阻挠，中国如何崛起？中国经济如何实现持续健康发展？这些全新挑战摆在了中国企业家、创业者和投资人面前。这一挑战早晚会来，只是比我们预想中更快而已。**这一挑战既是巨大的考验，也是巨大的创新、创业和投资机会。**

但是，中美企业间更多的交流与合作，将是缓和两个大国间日益紧张气氛的主要通道。中美企业应携手应对全球气候变暖、科技巨变、共享市场与投资等商业利益。中美企业之间的良性竞争与积极合作对全人类发展至关重要。

比尔·盖茨、埃隆·马斯克、沃伦·巴菲特、查理·芒格和蒂姆·库克等众多美国商业领袖都曾对中国表示了相当的认可或好感。中国应如同改革开放时，展开新一轮的国家宣传，尽全力让更多美国商业领袖认识到中国坚持对外开放的经济政策不会改变、中国的和平崛起对全球经济将带来积极影响。这至关重要，将为中国经济发展再赢得 20 年黄金发展期。

重大变化之二：中国人口减少与老龄化

最近众多银行把房产贷款的最后还款年龄延长至 80 岁，引发各界热议。老龄化在中国已经呼啸而来。

根据 1956 年联合国《人口老龄化及其社会经济后果》确定的划分标准，当一个国家或地区 65 岁及以上老年人口数量占总人口比例超过 7% 时，意味着这个国家或地区进入了老龄化社会。1982 年，在奥地利维也纳召开的老龄问题世界大会确定，一个国家或地区 60 岁及以上老年人口数量占总人口比例超过 10%，就意味着这个国家或地区进入严重老龄化社会。

2021 年 5 月 11 日，第七次全国人口普查结果显示，我国 60 岁及以上人口数量为 26 402 万，占比 18.70%，其中，65 岁及以上人口数量为 19 064 万，占比 13.50%。我国已经进入“深度老龄化”社会。2040 年，我国 60 岁以上老人比例将达到 30%，65 岁以上老人比例将达到 22%，进入“超级老龄化”社会。

中国过去 30 年之所以高速增长，最为重要的原因之一就是享受了“人口红利”，数以亿计年轻人的艰辛付出创造了中国经济奇迹。年轻人长期缴纳社保、医保，但实际支出较低。什么是老龄化？老年人创造的经济价值相对较低，但对社会资源消耗明显更多，他们不再缴纳社保、医保，但实际支出较多。因此，老龄化会对一国经济会构成“世纪级”难题，解决的难度极大。

国人担心老龄化之下的中国经济会陷入和日本一样的经济失速局面。有位教授提出，中日老龄化有相当大的区别：中国的老龄化是源于 20 世纪五六十年代出生的劳动者退出劳动力市场，这些人的受教育程度相对较低，而日本老龄化则是源于一批最优秀、敬业、有雄心壮志的劳动者退出劳动力市场。

有一组数据显示，在中国 22 ～ 60 岁的劳动者群体中，大学生的数量在持续增长：2020 年约为 1.3 亿人，2030 年会达到 2.1 亿人，2050 年前后会达到 3 亿人，数量接近当下美国的总人口，更是日本当下人口的 2.5 倍。这批高素质的大学生未来会成为劳动者群体的主要组成部分，他们的受教育程度、知识水平等比现在退出劳动力市场的人要高出一大截。

因此，中国有望获得高素质人口带来的工程师红利对冲老龄化压力，中国还有一定的缓冲空间。

但较之于日本，“未富先老”则是中国要面临的更大挑战。中国的老龄化挑战已进入“读秒”状态，留给我们的时间并不充裕了。因此，如何充分激发中国后几代年轻人的创新和创业热情极为重要、极为紧迫，中国需要为即将到来的全面老龄化甚至超老龄化的局面积攒更多的养老家底。期待并相信未来 3 亿大学生能凭借他们的聪明智慧，通过创新创业给面临超级老龄化的中国带来安定祥和。

ChatGPT 等使用人工智能和机器人技术的产品，作为效率工具或辅助方法，或许可能延长老年人口有效劳动的周期。这些技术带来的生产力指数级跃升，或许可以让未来老年人获得安度晚年的基本保障。

综上所述，中国是否会像日本一样陷入老龄化所带来的经济衰退或冲击，情况可能未必那么悲观。但是这一切背后都需要我辈和一代代年轻人的艰辛努力与创新创业。**归根结底，全要素生产率（Total Factor Productivity）的显著提升是化解老龄化压力的首要路径。**

当然，鼓励提高出生率的各项激励政策我都乐见其成。毕竟“外星人”埃隆·马斯克都认为人类最大的危险是出生人口的下降。

既然老龄化已经不可逆转，我们永远要思考在其中能把握怎样的创业和投资机会。

首先，医疗健康行业是极为巨大、超长周期的商业机会和投资机会。毫无疑问，医疗健康是老龄化时代创业、投资的超级黄金赛道，它在国民经济、资本市场市值中的占比将长期持续高增长。

美国彭博社的一篇文章称，2021 年，美国医疗健康支出达到惊人的 4.3 万亿美元，约占当年美国 GDP 的 18%。虽然如此高额的支出背后是美国医疗管理体系的混乱，但它也从侧面表明，在进入老龄化后的发达经济体中，医疗健康产业将是举足轻重的核心支柱产业。

其次，伴随老龄化时代来临所产生的老年人文娱生活、智能陪伴机器人、衣食住行等需求都将是巨大的新增市场。但目前这类创新创业项目的优质供给非常少，所以存在巨大的创新创业机会。

重大变量之三：气候变迁与碳中和

中国预计将在 2030 年实现“碳达峰”，在 2060 年实现“碳中和”，从碳达峰到碳中和仅有 30 年时间，而欧美发达国家从碳达峰到碳中和普遍都历经七八十年。

中国发展新能源、努力实现碳中和，既是气候变迁和全球政治经济博弈下的“硬约束”，也是中国掌握国运、主动出击的战略选择。这亦是“世纪级”变化。

碳中和给中国企业带来的挑战在于，众多企业的传统增长模式必须进行根本性转变，高污染、高排放的行业可能会因为环保成本剧增而无法继续维持经营或盈利显著下降，最终被迫关停并转。

同时，碳中和为新能源等战略性新兴产业带来了巨大的发展机遇，这可能是未来 20 年中国最为重大的投资机会。当然，这也是中国减少被“石油美元”绑架的必由之路。

中金报告认为，新能源产业未来投资规模将达到 139 万亿元。因此，新能源、碳中和在 10 年后会将逐步替代房地产，成为国民经济支柱产业。

因此，减少化石能源、增加清洁能源已经是中国主动的战略选择，将为能源、交通、工业、建筑等重点行业带来巨大改变，也将带来巨大的商业机会和投资机会。

我国工业排放约占总排放量的68%，如此之高的占比在所有主要国家中都是绝无仅有的，这是我国作为“世界工厂”、处在城镇化快速发展阶段、经济社会出现压缩式发展等因素所决定的。建筑物建成后的运行排放占总排放量的18%，也对应着一个商机巨大的市场。

目前，国家正在全力推动碳中和战略，那么，各位企业家、创业者和投资人应当怎样选择呢？

重大变量之四：中国经济K型分化

我认为，中国的经济形势将呈现“K型分化”的典型特征，这也是未来企业家、创业者和投资人决策和思考的主要框架。

从经济总量的角度，中国经济将进入总量增长趋缓的中低速增长状态，同时，中国经济的结构性变迁将非常剧烈。

产业、区域、城市、细分市场、企业，甚至企业的不同部门都会呈现明显的“K 型分化”特征。某些行业、领域增长极为强劲，另一些行业或领域则将被淘汰或者边缘化，“K 型分化”现象将非常显著且长期持续。

2022 年全年，比亚迪新能源汽车销量达到 186.35 万辆，同比增长 208.64%，远超原有 150 万辆预期目标，问鼎 2022 年全球新能源汽车销量冠军。

宁德时代公告显示，2022 年销售收入 3 285.9 亿元，同比增长 152.1%，归母净利润 307.3 亿元，同比增长 92.9%。2022 年第四季度实现归母净利润 131.4 亿元，首次实现单季度净利润超百亿元。

宁德时代和比亚迪新能源双雄市值先后突破 1 万亿元人民币。这是新能源产业大发展的重大事件。

据海关总署数据显示，我国进口芯片数量持续减少，国内芯片自给率不断提高。在全球科技博弈的背景下，未来 10 年中国芯片国产化势在必行，国产替代“钱景“广阔，这使得中国芯片领域企业的融资、上市、营收增长都非常强劲。

因此，新能源、碳中和、半导体芯片、医疗健康、数字经济、专精特新、产业互联网等领域正在强劲增长。当然，教培、互联网金融等行业将逐步衰退，房地产、消费互联网、文化娱乐等行业显著下行。中国经济呈现出的这种极为显著的“K 型分化”特征（见图 0-1），是中国经济走向高质量增长的必然方向。

从资本市场总量角度看，对标美国资本市场规模，A 股总市值未来可能达到约 200 万亿人民币，这将产生百万亿量级的新增财富。谁将参与分享这一规模庞大的新增财富？其中最大的受益者是整个社会、创新型企业和其背后的一、二级市场投资人。

同时，我们看到很多传统企业在二级市场市值持续下降，甚至只剩下“壳”价值，这类企业的市值会持续衰减，终有一天会归零。

一边是新经济企业将创造百万亿增量市值财富，另一边是传统企业市值将下降甚至归零，这就是典型的“K 型分化”。

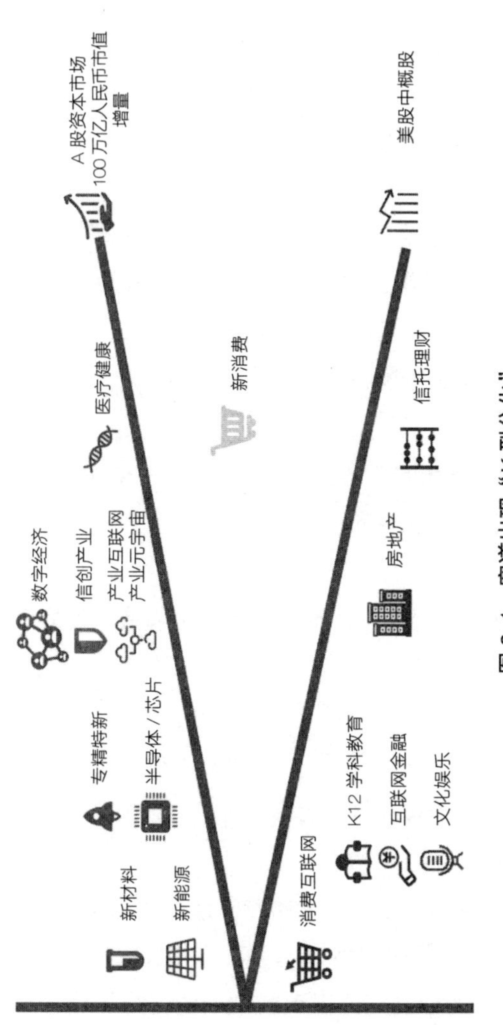

图 0-1 赛道出现“K 型分化”

资料来源：盛景嘉成、盛景网联。

企业家、投资者把“K 型分化”看懂了，看透了，就不会人云亦云，也不会动辄恐慌，你才会知道真正的机会在哪里，真正的问题和风险在哪里，能不能“腾笼换鸟”。

我一直强调企业家要有“大家”风范，什么是“大家”风范？**就是站得高、看得远、想得全。企业家、投资者一定要站在山巅，鸟瞰市场、俯视市场，看懂各行各业“K 型分化”的新格局，这将是中国经济发展的长期特征。**

选择决定命运。所谓“选对池塘钓到鱼”，未来 10 年的利润池在哪里？哪些原有利润池会缩小或消失？

拥抱变化，从未来看现在，企业家和创业者应“顺势而为”，这样才能事半功倍。

在互联网行业内，大家常说：“如果有人给你在火箭上留了一个座位，别问位置在哪，上去就对了！”

如今，我们要通过 K 型曲线分析判断自己到底是在“泰坦尼克”号上，还是在飞向太空的火箭上。如果你正坐在火箭上，恭喜你，这时你要把握来自 K 型曲线向上的趋势与机会，只争朝夕，实现跨越式发展。如果你不幸正坐在“泰坦尼克”号的头等舱里用餐，那我建议你坚决舍弃表面上的浮华，消灭“隐性负债”，主动弃船，寻找新的出路。

全球化格局变化、人口减少与老龄化、气候变迁与碳中和、产业“K型分化”，以上4个重大变化带来的一个共同结果是：全球供应链和产业链发生重大重构，全球将处于事实上的中长期通胀状态，企业的经营成本、人们的生活成本不断上涨。

面对这4个重大变量，企业家、创业者和投资人在面向未来10年的发展规划中，当根据未来决策现在、根据宏观决策微观，未雨绸缪，提前规划。

大变局之“不变”

前世界首富、亚马逊创始人杰夫·贝佐斯曾有一段精彩的论述：“很多人问我，你认为未来10年最大的变化会是什么。这是一个好问题，但是更好的问题是，在未来10～20年，什么不会变？”

贝佐斯解释道："站在亚马逊的角度看，不会改变的是人们对更低价格和更快交付的渴望。"

亚马逊的出现正伴随着互联网的"一日千里"，一切都在被互联网颠覆、重构，这就是重大变化，而当时无法满足用户需求的物流体系是用户在互联网上消费过程中最大的痛点之一，所以亚马逊就将重金投入物流体系，将平均20～30天的到货时间变成2日内送达，成为美国电商的标杆。

当今世界一直在变，我们既需要抓住变化中的新趋势，更需要坚守那些"不变"的经营本质和基本规律。

从我观察和思考的视角看，在这场大变局之中，至少有4个规律或内核是不会变的，是企业家、创业者和投资人应该坚守的"不变"。

第一个不变：坚守"真正创造客户价值"不变

企业必须守住为客户服务、持续为客户创造价值的创新创业初心，这是企业存在的前提。

现代管理学开山鼻祖彼得·德鲁克曾经旗帜鲜明地提出了自己的观点：企业的宗旨有且只有一个适当的定义，那就是创造客户（Customer）。满足客户的需要，就是每个企业的宗旨和使命。企业生产什么不重要，客户购买什么、客户看重什么才重要。客户决定了一家企业是什么样的企业，也正是为了满足客户的需要，社会才把创造财富的资源托付给企业。

- 企业家、创业者应该将 99% 的时间用来研究客户，1% 的时间用来研究竞争对手。
- 企业家、创业者应该将 90% 的时间用于研究客户需求，将 10% 的时间用于产品开发。

虽然“让客户成功”是解决方案提供商最为常见的经营理念，然而现实却是，多数解决方案供应商往往过于关注产品的功能和技术，“自嗨”式开发大量无关紧要的功能和细节，并不能真正做到关注客户的成功。

客户价值必须落到实处，以最少的资源消耗直击客户的核心痛点，最大限度满足客户的内在核心需求。商品、服务并不因其本身的存在而产生价值，而是因为对客户或用户“有用”才真正具有价值。**价值是客户或用户眼中的价值，而不是企业高管自以为是的理解，因此，满足客户内在核心需求之外的设计都是多余的，都应该砍掉。**

因此，企业家、创业者应该将企业的一切战略行为围绕客户价值最大化展开，通过提高客户的满意度和忠诚度获得长期竞争优势，**构建以客户价值为核心的“护城河”。**

第二个不变：坚持“科技驱动创新”不变

科技创新引领产业变革，科技创新日益成为引领经济社会发展的动力。

全要素生产率，最早由美国经济学家罗伯特·索洛（Robert M. Solow）提出，其来源包括技术进步、组织创新、专业化和生产创新等。中国经济迫切需要实现增长动力的转变，从依靠资本、土地、劳动力等生产要素投入的增长，转变到更多依靠提高全要素生产率的轨道上来，即加快实施创新驱动战略。

从全球发展来看，20 年前，全球市值排名前十位的企业大多来自能源、金融行业。而当下科技已然成为驱动企业发展的核心动力源，带来了全新的范式转移和商业模式进化。目前，全球市值排名前十位的企业中有 7 家是科技巨头企业，排名前五位的企业中，更是有 4 家科技巨头企业。

2004 年，华为创始人任正非说："20 世纪 90 年代，日本、德国开始衰落，美国开始强盛。这时主要附加值的利润产生在销售网络的构造中，销售网络的核心就是产品的研发与知识产权。因此，未来的企业之争、国家之争就是知识产权之争，没有核心知识产权的国家，永远不会成为工业强国。"

因此，华为坚持每年将 10% 以上的销售收入投入研究与开发，近 10 年累计投入的研发费用超过 8 450 亿元。截至 2021 年底，华为在全球共持有有效授权专利 4.5 万余族（超 11 万件），其中 90% 以上的专利为发明专利……任正非说华为已经进入"无人区"，这离不开这些知识产权的推动。

2021 年，华为公司的研发费用支出是 1 427 亿元，约占全年总收入的 22.4%。这样高比例、大规模的研发资金投入规模，别说是在中国企业当中，就是在世界范围内，也是凤毛麟角。

从国内的发展进程来看，新中国成立初期，由于人口多、底子薄，我国进行现代化建设主要依靠土地、资源和劳动力等生产要素投入来促进经济增长，这是要素驱动增长的时代。改革开放以来，凭借劳动力和资源环境的低成本优势，我国经济快速发展，而面对近年来的全球经济新形势，传统的增长模式亟须转变。

基于科技突破的创新具有不易模仿、附加值高、有专利保护等特点，更容易帮助企业建立竞争优势。

科技创新能力已经成为综合国力竞争的决定性因素，如果中国的自主创新不能大踏步发展，仍寄希望于技术引进，就永远难以摆脱技术落后的局面。科学技术是第一生产力，科学技术正引领着经济建设、社会进步和人类进步的各个领域。

ChatGPT（Chat Generative Pre-trained Transformer）是人工智能技术驱动的自然语言处理工具，是由美国 OpenAI 公司研发的聊天机器人程序，于 2022 年 11 月 30 日发布。ChatGPT 正在将人类世界带入人工智能新时代。

2022 年 12 月 13 日，美国能源部宣布 12 月 5 日其下属的劳伦斯・利弗莫尔国家实验室的科研人员进行了历史上首次可控核聚变实验。可控核聚变，在未来数十年可能引发人类能源革命。

以马斯克创立的 SpaceX 为代表的企业开启的星际航行领域，正在迎来历史性突破的前夜，人类离多行星物种越来越近。

在历经了数十年的科技发展平缓期之后，美国正处于科技大爆发的前夜。在科技博弈的背景下，中国企业、科学家、投资界任重而道远，在这场全球科技竞争中，中国要迎头赶上。

第三个不变：坚信“中国国运”不变

放眼世界，大变局的本质是国际力量对比的变化，其显著特点是，进入 21 世纪以来，一大批新兴市场国家和发展中国家快速崛起，国际影响力不断增强，世界呈多极化加速发展。

2000 年，中国 GDP 仅为美国 GDP 的 1/10。随着 2001 年加入世界贸易组织（WTO），中国开始腾飞发展。2021 年，中国 GDP 已经上升至美国 GDP 的 77%。如果按购买力平价计算，2018 年中国 GDP 已经超过美国 GDP。

中国制造业从进口、代加工，渐渐走向模仿、研发，最后实现国产替代，建国以来这 70 多年时间，我国的工业增加值实现了近千倍增长，形成了独立完整的现代工业体系，是全世界唯一拥有联合国产业分类所列全部工业门类的国家，用几十年走过发达国家几百年才走完的工业化历程。

当下，我国正在积极探索科技创新与产业升级：“中国天眼”射电望远镜的综合性能为美国著名的射电望远镜阿雷西博综合性能的 10 倍；第三代载人飞船神舟飞船由中国自主研制，具有完全自主知识产权等。

全球著名投资人沃伦·巴菲特在 2019 年致股东信中表示：回顾过去 77 年的投资历史，他和查理·芒格高兴地承认，伯克希尔－哈撒韦公司（下文简称“伯克希尔”）的成功在很大程度上只是搭了美国经济的顺风车（即“美国顺风”），在下一个 77 年，我们的主要收益大概率仍将来自“美国顺风”。

巴菲特所述的“美国顺风”，并非指美国经济发展一直是一帆风顺的，美国在这百年期间经历了二战、石油危机、恶性通胀危机、互联网泡沫危机、2008 年金融危机等等，正是在这些所谓危机之下，巴菲特依然坚信美国国运，“在别人恐惧时贪婪”，正是巴菲特坚信美国国运的真实写照。

我认为对“中国国运”的投资亦是如此，在当大家陷入彷徨、迷惑的时候，从长远来看，当下的困难终将成为历史。中国终将克服今天面临的诸多挑战，因为中国人勤劳、勇敢、受教育程度高、有着过上美好生活的强烈愿望。中国拥有全球最大体量的市场、强大的生产供应链能力，中国一定会走向更大的成功，这是历史的必然。

在大国之中生存和创业的企业，必须依托所在本土母市场（Home Market）的国运。在庞大的本土母市场的滋养下，中国企业可以扬帆远航征战全球市场。这是大国企业才独有的幸福与幸运。

第四个不变：坚定“企业家精神”不变

要想了解企业家精神，需要先理解“企业家”的概念。我们通常所说的老板并不都是企业家，企业家群体的范围要小得多。

“企业家”（entrepreneur）的概念最早见于 16 世纪法国经济学家理查德·坎蒂隆（Richard Cantillon）的作品。entrepreneur 一词源于法文 entreprendre，现在指“敢于承担一切风险和责任，而开创并领导一项事业的人”。

企业的创办者有生意人、商人和企业家之分。企业家会心怀实现某种社会价值的使命感，赚钱只是实现社会价值过程中的副产品，盈利只是实现社会价值的手段。

美籍奥地利经济学家约瑟夫·熊彼特认为，“企业家”的职能就是实现“创新”，引进“新组合”实现经济发展。他提出的“企业家是从事‘创造性破坏’的创新者”观点，凸显了企业家精神的实质和特征。熊彼特认为企业家的“创造性破坏”行为背后有着特殊的心理倾向，他们主动挑战难题，为改变而改变，以冒险为乐。

德鲁克提出，企业家精神的本质是有目的、有组织的系统创新，而创新就是改变资源的产出，通过改变产品和服务，为客户提供价值，提升客户的满意度。德鲁克认为，企业家必须是创新者，是勇于承担风险、有目的地寻找创新源泉、善于捕捉变化并把变化转化为可利用的机会的人。

由此可见，企业家与广义上的经理人、经营者并不相同。我们当然需要踏踏实实管理好一家家餐厅、一家家工厂的经营者，这是绝大多数小微企业经营者的真实写照。我把这类经营行为称为“就业型创业”。我们还需要一部分以“改变世界”为使命的经营者通过“创新性创业”创造社会价值。我将这类富有创新精神的企业领导者称为“企业家”。两者都不可或缺。

数以千万计的“小老板”解决了我们的衣食住行问题，解决了 90% 以上人口的就业问题，同时，我们也看到人类历史进程是由一代又一代富有创新精神的企业家所改变的。

2023 年 3 月 1 日，马斯克公布了神秘的“宏图 3.0”，即最新的可再生能源经济“宏图计划”：电池储能 240 太兆瓦（TWH），可再生电力 30 TWH，在制造领域投资 10 万亿美元，需要能源为燃料经济的一半，可再生能源发电项目仅需占用不到地球总面积 0.2% 的土地，无法克服的资源挑战为零。

马斯克曾说，人类有一条通向完全可持续的能源之路。特斯拉的目标就是加速世界向可持续能源的转变，“宏图 3.0”就是这一宏伟理想的路线图与行动计划。

美国有“外星人”企业家狂人马斯克，中国则有比亚迪技术狂人王传福。

比亚迪从 2005 年就已开始研发电动车所需要的电池、

电机、芯片、电控等核心技术。早在 2008 年，比亚迪董事长王传福就勾勒出太阳能、储能电站、电动车的绿色梦想。

10 余年来，比亚迪坚持以解决社会问题为导向，以技术创新为驱动力，以超前战略眼光布局产业发展，坚守绿色梦想，为人类社会可持续发展提供有效、接地气的解决方案。王传福当年所提出的绿色梦想在企业家精神的长期推动之下，正逐步成为现实。

2022 年，比亚迪超越特斯拉，成为全球最大的电动车企业。比亚迪已经掌握了功率半导体和电池“双芯”、电机、电控等电动车全产业链核心技术，也是全球唯一一家同时拥有动力电池和电动汽车大规模生产能力的企业。

2018 年，股神巴菲特在美国消费者新闻与商业频道（CNBC）专访中表示，他最欣赏的 4 个 CEO 中就有来自比亚迪的王传福，另外三位是亚马逊的杰夫·贝佐斯、苹果的蒂姆·库克和精密机件的马克·多尼根（Mark Donegan）。

巴菲特说：“有一天查理·芒格打电话给我说，我们必须投资比亚迪，王传福比爱迪生更厉害……查理说，王传福是爱迪生与通用电气 CEO 韦尔奇的结合体。”

德鲁克在《创新与企业家精神》(*Innovation and Entrepreneuship Practice and Principles*)中写到：企业家精神是一种行动，是一种独特的特性。通常，创新是展现企业家精神的特殊手段，而检验创新的标准永远是“它为客户做了什么”。

熊彼特曾说：“如果一个人不掌握历史事实，不具备适当的历史感或所谓的历史经验，他就不可能理解任何时代的经济现象。”中国改革开放 40 多年来，“敢为天下先”的企业家和企业家精神为中国经济的持续增长与繁荣做出了首要贡献，已成为中国经济社会发展最重要的自变量，成为资源优化配置、技术不断进步、资本逐渐积累、经济日益增长的根本原因。

如今，中国显然比过去任何时候都更需要呼唤企业家精神。

中国正处在跨越中等收入陷阱的关键阶段，但越来越多的中年企业家早早退休或移民，越来越多的年轻人选择“躺平”，那么，在“未富先老”、人均收入仍然极低的背景下，谁来引领中国企业迈向未来 20 年？谁来推动中国经济再增长？我们比任何时候都更应呼唤企业家精神。

企业家并非圣贤，企业家也有七情六欲，甚至言行怪诞；企业家会犯错，更会经常遭遇失败，因为企业家总是战斗在创新最前线，创新过程中的无数次失败才是创新的主旋律。也正因为如此，中国各级政府、社会各界都应更加厚爱拥有创新精神的企业家、创业者，都应更加鼓励创新和包容失败，我们要像爱护国宝大熊猫一样爱护企业家。

创新创业企业的投资人，其内在本质也是拥有创新和创业精神的企业家，也应得到我们最大力度的保护。

保护企业家、弘扬企业家精神，其内在本质就是保护和弘扬创新精神，这是中国未来 20 年最值得珍惜和保护的宝贵财富。

中国并不缺资金，不缺矿产资源，甚至不缺高新技术，中国真正匮乏的终究是企业家精神。

企业家不安于现状、主动挑战难题、以冒险为乐事的心理倾向背后往往是因为“存在一种梦想和意志”，或者是“存在创造的欢乐，享受把事情办成的欢乐”。企业家追求成功不是为了成功所带来的“果实”（名望或利益），而是为了获得成功本身带来的成就感，甚至纯粹享受做某件事情本身所带来的巨大快乐。

正是由于企业家这种充满活力、不安于现状的心理是非普遍性的状态，因此企业家必定是一种稀缺资源。

美国经济学家弗兰克·奈特（Frank Knight）曾说，企业家就是要“识别不确定性中蕴藏的机会与获利的可能”，并“自己承担决策的全部后果”的人。

在我 20 多年来的投资、咨询和企业经营实践中，我接触过难以计数的企业家、创业者和投资人，面对诸多不确定性和时代变迁，有人笃定前行、内心宁静，有人迷茫摇摆、内心焦躁。那些真正能够带领企业穿越重重迷雾的领导者，无不是那些能够将众多看似矛盾对立的事物进行辩证统一的领导者。他们致力于在不确定性中寻找确定性的机会，在矛盾和悖论中做出艰难而正确的决策。

无论是在民营企业之中，还是在国有企业、政府机构、公益组织、学校等组织之中，无论是高层领导者，还是中层领导者，“拥抱变化、坚守不变”将是每一位领导者的思维基石和决策力源泉，更是带领组织前行的共识原则和行动指南。

一切伟大的行动和思想，都源于一个看似微小的开始。希望本书能对每一位正在奋斗路上的读者有所启发，带给你内心的笃定和行动的力量。

目 录

PART 2

第二部分

新时代创新方法论

PART 3

第三部分

投资企业的未来

THE PARADOX OF CHANGE

第一部分

读懂企业的未来

THE PARADOX OF CHANGE

01

中国企业的六大机会

有进取心的企业应从自营走向赋能型产业共同体，解决全产业链的错配和浪费问题。

做企业要善于从未来看现在，从现在感知未来。为此，企业家、创业者必须站得高、看得远、想得全，要从中国经济的长期发展趋势中寻找重大机会，寻找战略调整的方向。重大机会是企业家和创业者转型升级的信心来源。

过去3年，全球经济扑朔迷离，除疫情的直接影响外，宏观经济、国际局势、产业变迁等都发生了显著变化，企业家、投资者不免产生对未来的迷茫和诸多困惑。

然而，在我看来，中国经济在经历“下行、企稳、回升、常态化”这4个阶段后，必将逐步回归所谓“常态化增长”，即每年保持约5%的中速增长率。在中国经济持续增长的进程中，依然蕴含着众多结构性重大机遇。

在这个过程中，中国经济走入“K型分化”，新能源和碳中和、半导体芯片、新材料、医疗健康、专精特新、产业数字化等领域正在强劲增长，未来将成为中国的核心支柱产业，这也是中国经济走向高质量增长的必由之路。

在“K 型分化”的模式下，我总结了中国企业的六大重要机会，希望可以为企业家、创业者和投资人提供新的思路。

超高性价比的产品或服务是长期蓝海

中国人追求富裕的强大内在力量是中国经济有韧劲以及我对中国经济有信心的核心原因。

中国人追求富裕的原动力依然极强。2020 年的一组数字显示，中国有 6 亿人月均收入仅 1 000 元。同时，中国有近 10 亿人没坐过飞机、没喝过星巴克咖啡。

共同富裕是政府的目标，更是巨大的市场动力来源。我相信中国人的韧劲和致富的强烈愿望，这是中国经济的长期底盘。

一个巨大的商业逻辑或者叫商业机会就此产生。**我们现在将这个商业逻辑称为“消费分级”，但换一个维度来看，这其实对应的是中低收入人群的“消费升级”。**

我一直坚持认为，未来 20 年，在中国，最大的商业机会不是来自高端奢侈品市场，而是来自为庞大的中低收入人群提供高性价比的产品和服务。

而且，除了少数品类和品牌以外，多数品类和品牌都应该形成在低定倍率[①]下生存和盈利的能力。

在百货商场，很多服装品牌过去通常能够实现 6 ～ 10 倍的定倍率。但现在，在抖音、快手的直播间里可能能够实现约 2.5 倍的定倍率。未来，有更多企业将在低定倍率的情况下生存和盈利。这是中国企业巨大的商机。

虽然 2020 年瑞幸咖啡的前实际控股人（下文简称“实

① 一件商品的价格与成本之比，就是这件商品的定倍率。——编者注

控人”）曝出惊人的财务造假事件，但瑞幸咖啡 2022 年的财务报告显示，其营收和同期单店销售额在经济下行和疫情的冲击之下仍实现了强劲增长。与此同时，星巴克（中国）同期单店销售额却显著下降。

星巴克的拿铁咖啡售价 38 元，而瑞幸咖啡一杯咖啡的均价约为 16 元。瑞幸咖啡通过椰云、生椰拿铁等创新性爆款产品和超人气偶像代言获得了巨大流量。你说，年轻一代的消费者会选择谁?

这种超高性价比的产品和服务，未来在各个领域都会催生巨大的商业机会。

在低定倍率情况下的生存和盈利能力，要求企业在商业模式、产品设计、业务逻辑、营销、销售等各个方面都要有根本性的变化和创新。

不仅消费品领域的情况如此，消费服务、专业服务、工业品等各个发展方向上的情况都将如此。这是一个巨大的历史性商业机会，为中低收入人群提供高性价比的产品与服务，其本质就是消费升级。

科技创新是未来数十年最为确定的重大机遇

科技创新需要耐得住寂寞，是一个需要不断投入的长期过程。

在全球科技博弈愈加激烈的背景下，中国在研发方面的投入越来越大，新能源和碳中和、芯片半导体、航空航天、军工和军民融合、医疗健康、元宇宙等科技创新领域会迎来实业市场和资本市场双重发展的机遇。

医疗健康，毫无疑问将成为老龄化时代最大的收入场景。根据全国人口普查数据推算，2023 年，中国 65 岁以上人口将超过 2 亿人，占比超过 14%。在中国，65 岁以上老年群体的医疗花费占终身医疗花费的 75%，老年群体的用药份额占总体人口用药份额的一半；中国大部分癌症五年生存率远低于美国、日本；中国医疗卫生支出占 GDP 的比重为 6.6%，而在美国，这一比例为 17.9%；IVD[①] 领域的化学

① IVD 即“体外诊断”（In Vitro Diagnosis），指在体外通过对血液、体液、组织等人体样本进行检测，从而判断疾病或机体功能的产品或服务。——编者注

发光等高端医疗器械与耗材国产替代率仍不到 15%。“老有所医”是人民群众的基本诉求，随着中国老龄化持续加剧，医疗健康产业一定会成为常青产业，在这方面的巨大投入才刚刚开始。

碳中和也将是一个巨大的市场。除了延缓全球气候变暖的显著价值外，2030 年前碳达峰、2060 年前碳中和的目标亦可强化中国能源安全，摆脱石油资源 75% 依赖进口的局面，甚至从能源进口国变成能源出口国，从而重塑国际格局。中国更可凭借大国承诺提升国际话语权，亦可大幅促进储能、氢能、可控核聚变等与新能源相关的科技产业蓬勃发展，在长期的大国博弈中占据优势地位。

元宇宙是数字化升级的高级形态与长期愿景。中国拥有全球最具规模、最为系统的制造业供应链，但数字化、智能化的渗透率还远远不够。数字孪生、工业 XR[①]、AIoT[②] 等技术应用可为制造业上下游企业大幅降本提效。投

① XR 是指“扩展现实”（Extended Reality）。——编者注

② AIoT 是指“人工智能物联网”，是 AI（人工智能）+IoT（物联网）的合成词。——编者注

资银行高盛预测，元宇宙可能是一个价值8万亿美元的机遇。

在新能源和碳中和、医疗健康、专精特新、元宇宙等众多领域，我们都可以看到巨大的创新机会和市场空间。在不确定的环境下，不变的就是科技创新、技术进步。它们必将以变革性的方式创造客户价值以及降低成本。**我们应坚定不移地在科技创新方向进行投资。**

在科技创新方面，特斯拉、SpaceX 创始人埃隆·马斯克是成功的典范，更可以作为国内企业家的标杆。马斯克认为，只要我们不自满，始终保持紧迫感，那么在科技力量的推动下，人类的前景终将是美好的。特斯拉希望通过新能源汽车使世界加速向可持续能源转变，特斯拉机器人的远景目标是服务于千家万户；脑机接口公司 Neuralink 致力于医疗康复事业，为失能者重新赋能；太空探索技术公司 SpaceX 使星际连接成为可能，愿景就是在火星上创造一个自给自足型城市。这些都是将人类的未来推向更高境界的努力与尝试。

产业数字化是庞大存量向高质量增长转型的国家解决方案

中国各行各业都存在产业数字化的机会，它将根本性解决各行各业极为严重的错配和浪费问题。产业数字化将重构中国 120 万亿元 GDP，重构各行各业的竞争格局。

如今，中国经济很突出的现象就是存在巨大的错配和浪费。中国企业立刻就能把握的巨大机会就是运用产业互联网、产业数字化解决产业链中巨大的错配和浪费问题。

在我国，水果和蔬菜的损耗率为 20% ～ 30%，而欧美国家的这一数据只有 5%，损耗率相差 15% ～ 25%。对我国庞大的蔬菜水果市场来说，这意味着极为可怕的损失和浪费。

在我国，每年大概有 1.3 亿吨蔬菜和 1 200 万吨水果在运输过程中被损耗，这些被浪费掉的蔬菜和水果本可以满足 2 亿人的基本营养需求。在我国，每年还有约 350 亿千克粮食被浪费。可以说，我国各个产业的浪费和损耗情况非常惊人。

那么，企业是如何解决高损耗率这一问题的呢?

日本 7-ELEVEn 便利店连锁公司（下文简称 7-11[①]）整合了 163 家物流公司、180 家工厂，面向 2 万多家便利店，将为每家门店送货的车辆从日均 70 辆减少至日均 9 辆，这就是革命性地将错配和浪费降到极致的典型例证。它构建的是一个“低摩擦”甚至“零摩擦”的赋能型产业共同体。2021 年，7-11 约 9 000 名员工带动了 40 万人就业。这一产业共同体一年产生的交易额达到 4.95 万亿日元（折合 2 907 亿元人民币）。

华为 2021 年财报显示，华为的 20 万名员工创造了 1 137 亿元的净利润，其中约一半利润来自出售荣耀手机的投资性收益，其余 600 亿元为华为每年的常态净利润。而 7-11 这家便利店连锁公司的净利润，是中国乃至全球高科技龙头企业华为的 1/6，但当时 7-11 只有约 9 000 名员工，人均净利润超过 120 万元，超过了阿里巴巴和华为的人均净利润。

赋能型产业共同体是大众创业的国家级解决方案，大众

① 如无特殊说明，本书中 7-11 均指日本 7-11。——编者注

创业、共同富裕需要有产业赋能平台服务中国数以千万计的夫妻老婆店和小工厂。

盛景研究院认为，**有进取心的企业要从自营走向赋能，走向产业互联网，走向赋能型产业共同体，解决全产业链的错配和浪费问题。**如果是中小微企业，就应该加入某个产业共同体，扮演好“神经末梢”的角色。当把产业链中的错配和浪费革命性地消减之后，“链主”企业再进行利益分配就简单了，产业链企业走向“共同富裕”就有了物质基础。

新基建引领中国庞大的基础设施投资

中国庞大的基础设施建设计划将长期存在，中国的房地产产业已经见顶，但是基础设施的建设空间依然巨大，大型饮水灌溉、老旧小区改造、地下综合管廊等传统基建项目还有很多短板要补。

超算、云计算、人工智能、元宇宙等科技新基建未来也有广阔的发展前景。各类数据显示，“十四五”时期，全国新基建投资规模有可能超过 15 万亿元。

一个国家要发展，基础设施建设就需要有超前意识。就像过去修路时，你会认为路没有必要修这么宽，但你现在发现路面已经出现了拥堵，这样看来路还是修窄了。所以，中国无论是在传统基建补短板方面，还是在科技新基建接棒方面，都有巨大的探索空间，这也意味着巨大的商业机会。

据悉，2020 年，国务院给南方电网下的考核任务是一年之内平均停电时间不能超过 1 分钟，而 2020 年，美国的平均停电时间超过 8 小时，甚至很多地方达到 30 小时。对中国来讲，为了让老百姓过上更好的生活，企业经营更有竞争力，中国基础设施建设仍将持续推进。

中国发展新能源和碳中和的决心是非常坚定的，这也是未来 10 年创业和投资领域最大的机会。2021 年，据中金公司研究团队测算，为实现碳中和目标，我国绿色投资总需求约为 139 万亿元，占每年 GDP 的比例超过 2%，而且大部分要投入新能源、能源基础设施、碳中和科技创新和传统产业改造转型等投资领域。同时，相关领域股权投资在我国金融市场中的占比也将达到约 30%，绿色投资仍有 10 倍的增长空间。

综合起来，科技新基建将迅速接棒，传统基础设施仍须补短板。中国庞大的基础设施建设计划将长期存在巨大的商业机会。

中国企业全球化 2.0 新时代到来

毫无疑问，近年来中国消费品品牌正在通过跨境电商，实现从多层批发贸易走向 DTC① 全球性消费品牌，从“全球工厂”走向“全球品牌”。

过去，你可能认为快时尚名牌 ZARA 的成功几乎不可超越，但在线时尚零售商 SHEIN 估值曾达千亿美元，在众多方面已经超过 ZARA，甚至在一个周期中，SHEIN 在美国本土的 App 下载量超过了亚马逊。跨境电商将推动中国品

① DTC 是 direct to customer 的缩写，是指直接面向消费者的营销模式。那么该如何将产品直接卖给消费者？答案就在国内首部详细拆解 DTC 品牌成长路径的作品《DTC 创造品牌奇迹》中。该书中文简体字版已由湛庐引进、天津科学技术出版社于 2021 年出版。——编者注

牌的利润率和长期价值实现质的提高。

同时要强调的是，中国的工业领域、服务贸易领域都将逐步实现全球化。例如，药明康德、康龙化成等企业医药CXO[①]解决方案就是典型的专业服务，通过服务国际大客户提升了企业竞争力和经营规模。工业、专业服务等领域的企业同样需要具备直接面对全球客户的新能力。

中国将会从一个全球化的受益者演变为全球化的推动者，掌握全球经济的主动权。我将这一过程称为中国企业全球化 2.0 新时代。

中国正在大力发展“专精特新”企业，以解决“卡脖子”难题，专精特新企业往往也被称为“隐形冠军”[②]企业。“隐形冠军”是德国赫尔曼·西蒙（Hermann Simon）教授提出的经典理论。全世界大约有 3 000 家隐形冠军企业，其中约

① CXO 是指为制药企业提供药物研发、生产等服务的外包公司。——编者注

② “隐形冠军”是指在全球某一细分领域处于绝对领先地位，且“隐身”于大众视野的中小企业。——编者注

一半是德国企业，遍布于机械制造、电子设备、化工制造等领域。这些数量众多的隐形冠军企业是德国制造的底气。

很多读者认为专精特新企业或隐形冠军企业因为聚焦细分市场，因此规模往往很难扩大。

西蒙教授在其《隐形冠军》（*Hidden Champions*）一书中谈到：对某一细分领域的长期专注，使得德国的隐形冠军企业在本国的市场容量变得狭小，业务、资源等过于集中，但隐形冠军企业利用全球化发展完美地克服了这一弊端。在有限的利基市场范围内，隐形冠军企业面向全球增加有效客户的数量，为自身带来了巨大的增长机会。数据显示，目前，隐形冠军企业平均拥有 30 家海外子公司。正因为在国际化方向取得了巨大的成功，隐形冠军企业的营收规模平均约为 30 亿欧元（约合人民币 200 亿元），这个规模其实是相当大的。

因此，在专精特新企业中，2B 企业居多，大部分处于产业链中游，面向企业客户，聚焦专业细分市场。所以，扩大在该细分市场的全球市场占有率至关重要。

从某种意义上说，专精特新企业、隐形冠军企业必须实现在全球细分市场的高市场占有率，因此从本质上说，这两类企业必须是全球化企业。

随着中国企业品牌的掌控力显著增强，无论是中国企业在世界市场中的核心竞争力，还是在资本市场中的价值，都将得到根本性提高。

虽然美国希望主导“去中国化”的全球化，但中国企业全球化 2.0 新时代刚刚开始，潜力无穷。DTC 是中国的品牌企业、出口企业和制造业企业发展的重要方向，将使中国企业与全球客户的关系发生根本性改变。这将是一个周期长达几十年、“长坡厚雪”的千载难逢之机会。

中国资本市场将再现新经济财富创造模式

美国新经济财富创造是一个可再现的模式，而不仅是个案。

2022 年，中国 GDP 突破 120 万亿元（约合 18 万亿美元），美国的 GDP 为 25.47 万亿美元。截至 2022 年末，美股总市值约为 44 万亿美元，A 股总市值约为 14 万亿美元。如果中国 GDP 在未来 10 年能够赶上甚至超过美国 GDP，假设 A 股总市值与中国 GDP 之比仅仅为 1∶1，那么 A 股总市值可达到大约 200 万亿元，所创造的新增市值财富将会达到上百万亿。

《中国财富报告 2022》指出，全国住房市值达到 476 万亿元。并且，这是在只计算了居民房地产财富的情况下得出的数据。未来中国主要的财富增长动力源自资本市场，即权益性市场，而不再是房地产市场。

在中国新增的百万亿市值财富中，新经济企业必将占据主要位置，而由创投业支持的新经济企业又将是其中的主力。创投业是中国新经济企业发展最大的助推者和重要的受益者。

保守估计，假设中国新增 5 万亿元高质量创投业投资，在优秀创业者和投资人的共同努力下，可以创造 20 万亿元的新增 GDP，可有效解决千万级高质量群体的就业问题，间接创造全产业链 5 000 万个以上的新增就业机会，带动形成 100 万亿元以上新经济新增市值［5 倍的市销率（Price to Sales，PS）[①]］。

新经济资本市场新增市值，将是中国未来最大的增量财富来源。这既指引着新一代创业者借助资本的力量发展与成长，又指引实现了资本原始积累的企业家或投资人借助新一代创业者实现财富增值或“续命”。投资新经济，既是未来 10 年最大的财富机遇，亦可彰显投资人的社会价值贡献。

以上就是中国企业的六大机会。各位企业家、创业者和投资人可以思考在实业和投资多个维度如何把握这些历史性的重大机会。当然，这六大机会并非全部机会。我相信，在中国经济发展进程中，还有更多重大机会在等待着创业者挖掘。

① 市销率的计算方法为：公司的总市值除以该公司的主营业务收入。——编者注

商业创新方法论

未来企业的六大机会

- 机会 1：超高性价比的产品和服务，未来在各个领域都会催生巨大的商业机会。
- 机会 2：科技创新和技术进步，将以变革性的方式创造客户价值以及降低成本。
- 机会 3：产业数字化是庞大存量向高质量增长转型的国家解决方案。
- 机会 4：科技新基建未来将有广阔的发展前景。
- 机会 5：DTC 是中国企业发展的重要方向。
- 机会 6：新经济资本市场新增市值，将是中国未来最大的增量财富来源。

THE PARADOX OF CHANGE

02

中国企业如何转型新经济

新经济是一个“生长”的过程，
是从“场景”和“客户需求”
中成长起来的。

在经济新常态的今天，“新经济”一词已经为人所熟知，如何向新经济企业转型，已经成为国内中小企业家、创业者、投资机构和地方政府等都在关注的热门话题。但企业家、创业者在转型过程中普遍存在较多的误区与障碍。

New Economy（新经济）一词最早出现在美国《商业周刊》1996 年 12 月 30 日刊登的一组文章中。它是指在经济全球化背景下，信息技术革命以及由此带动的以高新科技产业为龙头的经济，具有低失业率、低通货膨胀、低财政赤字、高增长率的特点。

2016 年，“新经济”一词首次被写入中国《政府工作报告》。

“新经济”是与“旧经济”相对应的概念，这里的“旧经济”是指传统的产业和产品形态，而“新经济”则是以互联网、知识经济、高新技术为代表，以满足客户需求为核心的新产业、新技术、新产品和新商业模式等。近年来，新经济的出现主要得益于信息技术革命的推进，是人类经济发展史上前所未有的科技型、创新型经济。

盛景研究院认为，**不是只有高科技才叫新经济。**

任何以新技术、新模式、新业态、新方法创造性满足目标客户核心需求的企业都是新经济。其中，“技术”不局限于科技创新。

国联股份（603613）创造性打造的b2f（business to factory）需求驱动的工业原材料反向供应链模式就是新经济。暖流科技这家创业公司通过“AIoT+SaaS”的模式在北方的供暖场景下实现节能减排，也是新经济。

新经济不是虚拟经济，其本质是对传统产业的深度改造，是“使能”和“赋能”。新经济是一个“生长”的过程，并不是凭空蹦出来的，是从“场景”和“客户需求”中成长起来的。

拥抱高新技术的四条路径

翻开过去 20 年全球上市公司市值 Top10 排行榜，我们会发现清晰的范式转移，全球市值排名前十位的企业正从能源、金融企业向科技公司转变。技术驱动了过去 20 年全球的经济成长。

当发现了这个范式转移后，很多中小企业家很惶恐，因为大部分企业家和创业者都没有技术背景。那我们该如何做技术创新，如何转型新经济呢？

“没有技术背景就不能做技术创新”是企业家或创业者的思维壁垒。国内外众多案例都充分证明了：**你不需要是科学家或技术专家，也可以将企业成功转型为新经济企业。**

史蒂夫·乔布斯是一位变废为宝的创新应用大师，他本人并不是科学家或技术专家出身。

虽然我们今天对智能手机的屏幕外观已习以为常，但首款 iPhone 使用的纯玻璃的大屏幕的确是一项创新。这款玻璃叫“金刚玻璃”，由美国康宁公司于20世纪60年代研发。本来康宁想将这款玻璃应用到汽车的生产上，但没有找到具体的应用场景，于是一直没有真正投入生产。

乔布斯决定使用金刚玻璃之后，对康宁公司当时的CEO温德尔·威克斯（Wendell Weeks）说：“我们希望康宁能在6个月内以最大的产能，生产这种玻璃，能生产多少就生产多少。”但是威克斯说：“我们真的做不到。这款产品都停产好几十年了。”乔布斯再次运用了他强大的影响力，他反复和对方说：“能行的，你们肯定能做到。”

康宁公司确实在6个月内生产了之前从未批量生产过的产品。为了提高产能，康宁把一家做液晶显示器的工厂变成生产金刚玻璃的工厂。至今，苹果旗下的先进制造基金（Advanced Manufacturing Fund）累计向康宁公司投资近5亿美元。康宁公司公布的2022年第四季度和全年财务业绩显示，公司年销售收入超过140亿美元。康宁公司的市值接近300亿美元。

在中国，市值曾达到1.5万亿元的宁德时代，其成功离不开创始人曾毓群创立ATL公司时，用700万元启动资金从美国贝尔实验室购买的聚合物锂电池的专利技术。

买回专利技术后，曾毓群和团队发现，反复充放电以后，锂电池块会鼓包，无法再次使用。然而，贝尔实验室十分傲慢地表示，这个问题压根儿就没法解决。贝尔实验室把这个有重大瑕疵的技术卖给了全球几十家公司。

曾毓群的团队被迫开始了艰难的攻关之路，他们每天都待在工厂实验室里，最终在彻底解决电池鼓包问题的同时，还找到了提升产品性能的方式。他们生产的锂电池价格是市场上同类产品价格的一半，而容量却达到了同类产品容量的1.5倍。

在确立了ATL公司在消费电池领域的领先地位之后，曾毓群转身投入新能源动力电池领域，随后创立了宁德时代。这就向我们证明，创始人依托购买技术改造升级，也可以在新经济时代取得成功。

现在，国内的创业基础设施不断完善，越来越多的优秀人才开始创业，哪怕创始人没有技术背景，也可以拥有新技术。

盛景研究院从实践中总结出 4 条可行的道路：

- 寻找技术合伙人联合创业，给予对方较高的股权比例。
- 委托高校或科研院所联合开发，亦可聘请或招募高等学校、科研院所的科技人员对企业开展技术咨询、技术服务，担任技术顾问等。
- 通过技术转移机构、成果转化机构、专利服务机构及科技服务中介机构，寻找、购买技术或专利人持有的专利。要知道，当你苦于缺乏技术时，海量的技术正躺在专利局或者科研院所里“睡大觉”。企业家和创业者要向乔布斯学习“变废为宝”的“点金术”。
- 参考德国、日本的隐形冠军企业，它们常常会通过规模化采购，引导供应链企业进行技术创新，联合研发攻关，即通过所谓的“市场换技术”实现目标。

缺资金未必是坏事，倒逼自己创新

在技术之外，资金匮乏亦是企业家、创业者普遍面临的困惑。尤其在经济进入中低速增长的背景之下，这种困惑可能更为普遍。但从实践结果看，**真正向新经济转型，钱是次要的，甚至在很多情况下，钱少反而更容易转型成功。**

国联股份（603613）成为A股产业互联网领军企业，得益于当年从会员制模式转变到工业品电商交易模式，而之所以探索出了创新的b2f需求驱动的反向供应链模式，就是因为钱少。

为什么这么说呢？国联股份刚开始做工业品电商的时候，第一反应是通过打电话收集会员企业购买工业原材料的需求，然后再用自有资金从上游购买，货到了仓库之后再把货分发给下游客户，赚中间的差价。

这种经销商模式能赚到钱，但是国联股份的团队立即发现这个模式其实有很大的弊端：在这种经销商模式下，库存和应收账款占压大、风险大，企业根本无法实现规模化发展。这就是多数经销商、贸易商都能赚钱，但是一直长不大，而且在资本市场也备受冷落的原因。根本原因其实就是企业的业务逻辑出了问题，难以规模化。

因此，国联股份开始思变：如何能够用比较少的资金，创造性地解决未来可能出现的瓶颈？经过一番摸索，最终设计出了 b2f 需求驱动的反向供应链模式——向下游客户征集订单并收取预收账款，下游客户需要先向国联股份支付 20% ～ 30% 的预收账款，归单了以后国联股份再向上游工厂下单，这样就大大减小了库存和应收账款的风险。上游工厂拿到国联股份支付的预付款以后，会直接把货发给最终客户。发货时，下游客户须向国联股份支付剩余款项。

国联股份 2021 年的财报显示，公司的库存周期只有 0.5 天，是完全在途的账面库存，而很多产业互联网平台的库存周期都超过 10 天甚至更久。再看应收账款，财报显示，应收账款周转周期只有 2.97 天，也是非常健康的。国联股份一年的资金周转次数能达到 25 次，周转快，风险小。

另外一个案例也是一家盛景的学员企业。我非常敬佩这家公司的创始人，他来盛景学习的时候，已经将近 70 岁。当时他问我：“彭院长，我想融资，因为我想把事业做得更大，但是苦恼于资金不够。”

在看过这家企业的财务报表后，我震惊地发现，这家企业不是没钱，而是太有钱了。它的库存金额高达 1.2 亿元，但资金一年只能周转 2 次，周转实在是太慢了。我告诉这位企业家："你不是没有钱，而是太有钱了，以至于你的周转这么差，你的库存这么大，还不想着改善或创新，只想着融资。这种做法完全是搞反了，完全是在本末倒置。"

要注意，多数创业企业其实都是被"撑"死的，真正被饿死的少之又少，因为快饿死了，就会想办法，开始创新。所以，要想向新经济企业转型，没有资金未必是坏事。

企业家、创业者在向新经济企业转型的过程中，要轻资金，更要重"隐性资产"。

每家企业和每位创业者都有大量隐性资产，很多企业都是捧着"金砖"在"要饭"，所以要把隐性资产价值最大化，基于隐性资产做创新，才是低成本、低风险的创新。

因此，企业家、创业者一定要多思考，你真正缺的是钱吗？未必，甚至绝大多数情况下缺的都不是钱。大家可能缺的是资源，缺的是创新逻辑。

企业家、创业者一定要记住，“钻石”就在你家后院。所以，一定要先想想怎样将你的隐性资产价值最大化，基于隐性资产进行创新是低成本、低风险的创新，可达到“四两拨千斤”的效果。

答好“盛景天问”

转型新经济，缺少商业逻辑怎么办？这个问题的答案很简单，那就是参照盛景极简战略，我们也将其戏称为“盛景天问”。

盛景研究院将“核心客户、核心需求、核心产品、核心销售系统”提炼总结为盛景极简战略。对于盛景极简战略中的4个灵魂拷问，如果企业家、创业者都能清晰、正确地回答出来，那么他大概率知道怎么进行创新、怎么向新经济转型了。

以商业航天领域为例，盛景研究团队发现用“一米宽、一百米深”的方法做行业研究的确非常简单高效。

在深入研究后，盛景研究团队发现，商业航天领域存在着三个细分市场：非商业化市场、半商业化市场和完全商业化市场。

“非商业化市场”指的是国家重大的科研项目，比如探月工程、火星探测项目等对应的市场。非商业化市场的核心客户是国家、军方和政府。这类客户的核心需求是什么？首先是安全可靠——这是国家任务、国家战略，要保证载人航天事业的安全；其次是中大运力、技术先进。因此，要实现这类客户的核心需求，需要可回收的、运载能力达到数吨的液体火箭发射技术。比如 SpaceX 的猎鹰重型火箭，就承载了美国军方的任务。

“半商业化市场”指的是国家和企业共同出资研发的项目对应的市场。最典型的应用就是 SpaceX 公司的“星链”[①]项目。SpaceX 公司将通过该项目向近地轨道发射 4.2 万颗卫星，而近地轨道的卫星容量总共只有 5 万多颗，SpaceX 公司完成“星链”对应的发射任务后，其他国家几乎就无法向

① “星链”是 SpaceX 公司推出的一项通过近地卫星群提供高速联网接入的服务，从而解决偏远地区互联网无法覆盖的问题。——编者注

近地轨道发射卫星了。

所以，中国推出了“星网”计划，计划向更高的轨道发射 1 万多颗卫星。该计划的核心客户是类似中国移动这样的央企通信服务供应商。那这类核心客户的核心需求是什么呢？单颗卫星发射成本低，需要中大运力。因为这类客户一般都需要将卫星组网发射，一次发射多颗卫星，比如一次火箭发射要搭载 10 ～ 20 颗卫星。星链是一箭 60 星，由于要发射 4.2 万颗卫星，必须尽力压低成本。

我们可以把这类需求理解为“机场大巴服务”，一辆大巴拉着一车人去机场。为了做好组网发射，就需要使用中型乃至大型的液体火箭，比如 SpaceX 公司的“猎鹰 9 号”火箭，它的运载能力为中上水平而且可回收，已经重复发射了 13 次以上。

“完全商业化市场”的核心客户则是商业卫星制造公司、卫星遥感公司、高校等，比如清华大学发射了“天格计划”三号卫星。这些客户的核心需求是什么？由于他们需要零星发射一两颗卫星，因此他们希望：整体价格优惠、安全可靠，随时随地能定制发射，比如哪家机构想在 7 月发射卫星了，可以带上自己。所以，它需要一种类似“出租车”的服务：如果我想去机场了，那我得随时随地能打到车。

因此，满足这种核心需求的产品就不是“猎鹰 9 号”火箭了，而是固体小火箭。它的运载能力只要达到数百千克就可以了，而且无须回收。

商业航天领域的这三类细分市场，对应着不同的核心客户的子市场。在这些子市场中，核心客户的核心需求不尽相同，能够满足其需求的核心产品亦不相同，那么最终的核心销售系统可能也不一样。

在商业航天这种最高精尖、离普通人最遥远的新技术领域，用“核心客户、核心需求、核心产品、核心销售系统”这套极简战略法则都可以简单高效地对企业战略进行结构化和可视化。

SpaceX 公司现在的年收入已经达到数十亿美元，完成最新一轮融资后，它的估值超过了 1 500 亿美元，是世界第二大非上市的超级独角兽公司，仅次于字节跳动。

中国的这些商业航天公司将凭借同样的商业逻辑茁壮发展。在中国的“星网”计划和美国的“星链”计划 PK 的大背景下，中国商业航天领域的发展空间巨大。

盛景研究院也希望各行各业的企业家、创业者思考：怎样用盛景极简战略梳理自己的商业逻辑？

在盛景极简战略中，发现核心客户的核心需求至关重要。

日本“经营四圣”之一的稻盛和夫先生说过一个概念，对创业者很有启发意义。这个概念就是“现场力”，所谓“答案在现场，现场有神灵”。因此，企业家、创业者向新经济转型的突破点往往就在客户现场。

企业家、创业者必须经常、亲自到客户现场去，经常和客户待在一起，通过察其言观其行，就会发现这里面存在的痛点和机会。凡是有痛点的地方，可能就有创新创业的机会。

商业模式创新实践

汇通达，找到打通终极战场的关键链条

举个现实中的案例，“汇通达”是新农村产业共同体，由创始人汪建国在 50 岁的时候创办。

2010 年，汪建国在将之前创办的企业“五星电器”卖给了百思买后，将一部分资金拿去做了风险投资出资人，另一部分资金则用于二次创业，创办了汇通达、孩子王和好享家。其中，汇通达、孩子王都已成为上市公司，好享家也成为独角兽公司。

汪建国在 50 岁创业时，是怎么思考和设计汇通达的商业逻辑的呢？答案就是到客户现场去。

汪建国在创办汇通达时，亲自去农村与夫妻老婆店的店主和生活在农村的消费者交谈。他发现这些人更喜欢在夫妻老婆店、小店里买家电，并不愿意去苏宁、国美、五星等规范的家电大卖场买家电。

为什么呢？他发现主要有以下几个原因：

第一，家电是电器中所谓的“大件”，农民对此不够熟悉，也不知道该如何选择品牌，因此需要信任的人推荐。夫妻老婆店的店主和这些农民客户打交道十几

年，彼此已经建立起足够的信任。

第二，农村消费者买家电更在意“现场体验感”，他们在做出购买决策之前一定要上手摸一摸、插电试一试才放心。

第三，连锁家电大卖场不能砍价，而夫妻老婆店可以。

第四，夫妻老婆店比家电大卖场距离消费者更近，能够提供更加便捷的安装和维修服务。

最终，农村消费者的这些痛点和需求，变成了汇通达赋能农村夫妻老婆店的战略选择。

汇通达创立之初，正是阿里、京东被资本市场追捧、电商快马加鞭迅速发展的时代。在那个时代，选择赋能农村小店的商业模式，是非常艰难的尝试。

但是今天回过头看，读者们会发现，在新农村，在所谓中国零售终极之战的市场，“赋能小店”的 2b 商业模式优于“电商直达”的 2C 商业模式。

因为在城市里，用户密度足够大，营销推广、物流配送、售前售后等服务的规模效应非常显著。但在农村，传统的 2C 电商的效率逻辑不再起作用，营销、物流、维修等成本都非常高。因此，汇通达做出这样的战略决策，显然更符合农村消费者购买家电的实际需求和痛点。所以，**现场力是企业家、创业者洞察客户需求的捷径。**

现在很多创始人和企业家在进行第二曲线创新的时候，不屑于再去客户现场实地走访了。他们也认为自己不太擅长做这些事。这是很致命的。因为，往往只有创始人自己才能对自己所做的事情有最真实的“体感”，经理人大多没有这种创始人“体感”。所以，**如果企业要向新经济转型，创始人一定要亲自到核心客户现场，这是最基本的要求。**

破解创新人才难题

高管团队老化，缺乏新经济人才时，企业如何向新经济企业转型呢？

缺乏新经济人才只是表面现象，企业向新经济转型时，首先应学会“筑巢引凤”，先把舞台搭好，吸引人才的概率

就会大大提高。

针对新经济转型的人才激励问题，盛景研究院有一个独特的创新方法论，即 CIC[①] 产业孵化模式。该模式是指，企业（孵化方）可以以现有企业或实际控制人控股或参股的形式，通过与创新团队（被孵化方）共同组建联合创业公司，吸引公司内部的年轻员工或外部优秀人才共同创新、共担风险、共享收益。企业可以给予创新团队较高的原始股权激励，给予联合创业公司独立的战略决策权，以及独立融资和上市的权利。

CIC 产业孵化是高确定性、高能级创新创业模式，提供了一种全新的组织形态和激励机制。它既解决了向新经济转型过程中的企业人才激励问题，又能够充分发挥产业公司在技术、人才、资金、客户或渠道资源、供应链等方方面面的“隐性资产价值”。

CIC 产业孵化模式最典型的案例就是小米生态链。

① CIC 是指“企业孵化器”（Corporate InCubator）。——编者注

商业模式创新实践

小米，凭借 CIC 产业孵化模式打造企业生态链

雷军通过小米战投、产业投资和顺为资本，投资了超过 900 家小米生态链的公司。现在上市的华米、9 号机器人、石头科技、云米等一大批公司都是小米生态链的企业。小米生态链成为小米整个平台和集团价值的重要组成部分。

这 900 家小米生态链公司就是小米所孵化的创新公司。这些公司设立时，小米持有 20% ～ 40% 的股份，公司的创始人持有更大比例的股份。这是一种效果非常显著的人才激励模式。

CIC 产业孵化模式共有 5 种模型，第 8 章将用一整章的篇幅深入阐述，这里就不深入介绍了。

盛景研究院将 CIC 产业孵化模式称为“中国孵化器 4.0”，CIC 产业孵化模式将成为中国孵化器的主流形态，无论是科技公司、高新技术企业还是新经济公司，都是从孵化器里生长出来的新创企业。

过去，中国企业往往用“事业部制”进行创新探索，事业部制使得创新事物极大地受制于公司既有战略，往往不允许产生亏损或投入，往往难以吸引新的人才，尤其是难以吸引创新的领军人才。同时，创新一旦失败，参与创新的团队就会产生强烈的挫败感，甚至会黯然离开。即使创新取得了些许成功，对创新负责人的激励作用也非常有限。失败的代价很大，而成功的激励作用有限，这就导致了面对创新事物时，优秀人才难以全力以赴。

在采用了 CIC 产业孵化模式之后，创新主体由事业部变成了新创公司，创新团队获得了原始股权和更大的话语权。同时，这种模式可以充分地发挥孵化方的产业人脉、资金、技术、大客户或渠道、供应链等方面的资源优势，为创新团队提供支持，为其赋能。

CIC 产业孵化模式有效解决了企业创新中的人才激励问题，它正在成为中国企业向新经济转型的浪潮中一股非常重要的力量。

谈到向新经济转型，有一个残忍的事实，那就是转型之路真的没有捷径可走。对想要向新经济企业转型的企业来说，有一个好消息和一个坏消息。

- 好消息是，未必需要花费太多的钱，企业就有可能进行创新。
- 坏消息是，**需要遵循“3 万小时定律”**，也就是说，转型升级的过程需要 3 ～ 5 年时间，才有可能成功。**这期间，企业家和团队需要费心、费力、费脑子、费精气神，但其实未必多么费钱。**

经常有企业家问我：有没有更省力气的新经济参与方式？自己精力不够了，能不能委托专业人士来做？美国发展多年的母基金—子基金—创业者的风险投资架构，其本质就是委托专业人士帮助企业家或机构的原始财富积累向新经济转型，从而达到“续命”的目的。

企业家或机构委托专业母基金将自己的资金分散配置给多个子基金管理人，即母基金管理人将资金委托给了专业、勤勉的子基金管理人，让后者在某个国家、某个赛道进行“投资决策、投后管理、退出”的专业管理操作。子基金管理人将资金投给创业者的过程，则是将资金委托给专业、勤勉的创业者进行创新创业的过程。其本质都是委托专业人士——专业母基金管理人、专业子基金管理人、专业创新创业者做出专业行为。这样一个三层委托、专业价值传递的过程，既促使美国的科技创新处于全球领先地位，又为源头出资人创造了不菲的创新收益。同时，虽然创业者面临的创新风险在所难免，但这种多层专业委托模式仍能革命性地降低创新投资的风险，从而吸引美国机构和企业家等高净值人群的中长期资金涌入科技投资，进而极大地推动了美国科技强国战略的实施。

未来 10 年，全球经济格局充满变化，企业家、创业者一定要适应这些变化，并提前做出判断和布局。但无论企业自认为准备得多么充分，在二次创新、三次创新的过程中，一定会有大量企业掉队，所以我特别建议企业家，尤其是有原始积累的企业家，一定要把“企业财富”和“企业家财富”区分开来——如果把所有财富都集中在企业身上，其实难以应对未来充满变化的商业世界，难以驾驭百年未有之大变局。

在企业运用一部分积累进行创新时，企业家要为自己的家庭留出部分财富，关注家族传承，不要将企业财富和企业家财富混在一起。

企业家家族财富通过上述在美国已经得到充分验证的母

基金—子基金—创新创业者这种模式，可以双层分散风险、享受双重专业管理，从而间接参与新一代创业者的创新创业，简单、轻松地享受新经济的资本红利。

企业向新经济直接转型真的不用太多钱，但是需要企业家和创业者花心思、费心力、坚持 3 万小时。同时，你需要思考当外部环境发生重大变化时，你的家族财富如何实现增值和“续命”，如何通过成为创投基金出资人的方式间接参与新一代创业者的创新创业。

谁也无法保证企业的每一次转型都能成功，尤其随着企业家和高管团队年龄的增加，向新经济企业转型的难度越来越大。因此，通过做投资的方式间接参与新经济，是企业家实现家族财富保值和增值的重要手段。**只有将家族财富安置妥当了，企业家在向新经济转型升级过程中才能心无旁骛，才能敢于创新，从而实现破局。**

通过投资方式间接参与新经济，可以根本性地摆脱企业缺乏专业创新人才的困境，也能充分发挥企业家原始积累的优势，帮助新一代创业者创新创业。这本身也是具有巨大社会价值的行为，是利国利民的好事。

商业创新方法论

解决新经济转型技术难题的 4 条可行道路

- 寻找技术合伙人联合创业，给予对方较高的股权比例。
- 委托高校或科研院所联合开发，亦可聘请或招募高等学校、科研院所的科技人员对企业开展科技咨询、技术服务，担任技术顾问等。
- 通过技术转移机构、成果转化机构、专利服务机构及科技服务中介机构寻找、购买技术或专利人持有的专利。
- 参考德国、日本的隐形冠军企业，它们常常会通过规模化采购，引导供应链企业进行技术创新，联合研发攻关，即通过所谓的“市场换技术”实现目标。

THE PARADOX OF CHANGE

03

产业互联网催生新商业文明

商业的本质是效率与成本之争。站在全产业链角度推动降本增效，是创新驱动的重要路径。

2018 年 10 月，腾讯公司公布其未来 20 年新战略，称将全力拥抱产业互联网。阿里巴巴前首席战略官曾鸣也在 2017 年 5 月提出 S2b2c 模式将是未来 5 年最有可能领先的商业模式。这两家互联网巨头的表态都在指向一个新事物——产业互联网。

2017 年 7 月，盛景网联发布了产业互联网经典模式：产业路由器 b2f 模式，意在推动各产业构建“赋能型低摩擦产业共同体”。

近年来，亦有人将产业互联网称为“产业数字化”，每个机构或研究者所采用的名词和定义有所区别，出发点或侧重也不尽相同，但其共性内涵是重度赋能、扶持各行各业的“神经末梢”——数以千万计的小店、工厂、服务商等中小微企业降本增效，由此实现全产业链的高质量增长，最终构建赋能型低摩擦产业共同体。

产业互联网平台正在各行各业建立赋能型低摩擦产业共同体。产业互联网催生了新商业文明，**是“产业集群 2.0”，是中国经济高质量发展的主要解决方案，是“共同富裕”的国家级解决方案。**这充分体现了产业互联网平台的 ESG①理念，亦代表了更可长期持续的商业新生态。“低摩擦产业共同体”将成为中国经济高质量发展新时代的主旋律。

小 b、小 f 是社会“神经末梢”，不可逾越

当下，关于产业互联网（产业数字化）的提法、侧重点和路径虽有所区别，但本质上殊途同归：消费互联网已接近饱和状态，线上渗透率已经接近天花板。过去被互联网公司忽视的线下小 b（即小商户，承担销售与服务职能的需求端）、小 f（工厂等供给侧）的价值变得越来越重要。

在开店、提供本地化和个性化服务、小单快反制造等方

① ESG 是 environmental（环境）、social（社会）和 governance（治理）的缩写。ESG 理念是一种关注环境社会、治理成效的理念。——编者注

面，小 b、小 f 的优势非常显著，这类规模不经济的价值职能就是应该由小 b、小 f 承担，如果直接由大公司或平台介入反而效率低下。大公司或平台应该掌控规模经济的价值职能，如数字化、研发、供应链、品牌建设等。

因此，在绝大多数产业链中，小 b、小 f 有其不可替代、不可逾越的独特价值，作为社会和经济的“神经末梢”，在这类规模不经济的价值职能中反而代表了先进生产力。

同时，支持和赋能数以千万计的小 b、小 f，让他们活得更好，将有利于构建更可持续的商业生态与商业文明，减少大公司垄断带来的负面效应，有效地解决高质量本地化就业问题。这一举动的社会意义和经济意义都极为重大。

传统的电商思维试图消灭所有中间环节——包括线下小店和服务商等，但多年来线下的小 b 却“野火烧不尽，春风吹又生”。这说明小 b 作为社会“神经末梢”，有着不可替代的商业价值，它们既是实体经济的根基，也是解决就业问题的关键。

传统技术难以将小 b、小 f 碎片化的存量价值整合起来，难以实现实时在线与智能配对。日渐成熟的 ABCD 技术[①]，将成为这一切的基础设施。

一方面，传统小 b、小 f 面临的非数据化运营、供应链环节冗长、用户响应不及时等问题带来的用户体验损失正在得以解决；另一方面，海量碎片化的线下流量将通过新技术手段在平台上实现汇集，聚沙成塔，从而形成巨大的价值池。互联网在此时更多是作为工具，是产业效率的提升者，而不是产业的颠覆者。这也正是互联网下半场"+ 互联网"的意义所在。

产业互联网平台通过共享、赋能、利他思维重构传统电商思维，帮助供需两端小 b、小 f 在扩大规模、提升效率、降低成本等方面得到质的提升，构建低摩擦赋能型产业共同体。这是中国产业升级的重要方向。在这个过程中，千万家小 b、小 f 得以过上更好的生活，更具活力和韧劲。这看似微不足道，虽不似大公司的成功那样令人震撼，但恰恰是最可持续的新商业生态。

① ABCD 技术即 AI（人工智能）、Blockchain（区块链）、Cloud（云）、Big Data（大数据）技术的总称。

产业互联网值得关注的六大经典模式

从宏观层面上来看，中国作为世界工厂，实体产业规模庞大，在人口红利逐年消失的背景下，传统产业原本粗放的运行模式已不可持续。在各行各业的产业链里，存在大量的错配或者浪费现象，产业链的降本增效存在巨大的改善和提升空间，创业者可以从交易平台、SaaS 角度、AIoT 服务等众多维度切入，用产业互联网提升各行各业产业链的效率，降低成本。

中国高速发展了 20 多年的消费互联网红利已经见顶，产业互联网正在成为市场主流。盛景投资了中国、美国、以色列众多主流风险投资机构，通过充分真实的“小数据”分析，发现在美国一级市场 2B 企业服务的投资占去了整个市场的半壁江山，涌现众多百亿美金甚至千亿美金的 2B 上市公司。但是中国 2B 上市公司数量偏少，风险投资机构的投资最近几年才开始向 2B 方向倾斜。

基于巨大的产业价值、社会价值、资本市场空间，盛景将产业互联网作为重点布局赛道。由此，我总结了产业互联网的六大模式，未来也将不断迭代和完善。

第一种模式是以 A 股上市公司国联股份为代表的工业品领域 b2f 需求驱动的反向供应链模式。国联股份也被称为“工业原材料的拼多多”。采用这一模式的产业互联网平台可以先汇聚小 b（小商户）的订单，然后再面向上游厂家集合采购。

第二种模式是以港股上市公司汇通达为代表的消费品产业路由器，即 c2b2f 模式。这种模式是通过连接和赋能线下小 b 最终触达 c（消费者）的商业逻辑。

第三种模式是面向大中型企业的 SaaS 模式。在我国的市场环境下，只有面向大中型企业的 SaaS 模式才有可能成功，面向小微企业的 SaaS 很难生存。

第四种模式是 AIoT+SaaS 模式。在工业互联网领域，未来可能会在各个细分赛道都有优秀的公司脱颖而出。暖流科技利用 AIoT 技术，实现供热精细化运营，可实现 15% ～ 20% 的减碳目标。这是一个以数据和人工智能技术驱动的智慧能源 AIoT+SaaS 平台。

第五种模式是以纽交所上市公司贝壳找房为代表的协作共享模式。这种模式主要应用在对人员依赖度相对较高的专业服务领域。贝壳找房的协作共享模式未来在很多领域（比如房产经纪、保险经纪、猎头经纪等）都有较大发展空间。

第六种模式是以 7-11 为代表的强赋能型连锁加盟模式。在中国，企业的连锁化率比较低，有巨大的提升空间。因此，在各行各业对小 b 进行强赋能，实现利润共享、风险共担的低摩擦产业共同体蕴藏着巨大的商业机会。

在产业互联网方向，盛景按照这六大模式挖掘和赋能优秀创业企业，在尽职调查过程中高度关注每个企业在对应模式下的关键指标是否健康，讲故事、炒概念的阶段已经过去了。比如，对于采用 b2f 产业路由器模式的企业，盛景重点关注极致周转、赋能投入等情况，对 SaaS 类公司则关注净收入留存率（Net Dollar Retention，NDR）、Rule of 40 等近 10 个指标。

这里提到的六大模式只是产业互联网模式的一部分示例，未来可能还有第七种、第八种模式成长出来——不同的历史阶段会产生不同的创新创业机会，这也是产业互联网的魅力。例如，产业互联网的下一站将是“产业元宇宙”，将对中国薄弱的制造领域数字化、供应链数字化进行总攻并形成质的突破。

b2f 需求驱动的反向短供应链代表了先进生产力

b2f 产业路由器模式是产业互联网的典型模式，该模式赋能真正的高价值环节小 b，即整个商业环节的销售和服务端，如门店、服务商等，通过小 b 经营客户，最终客户可能是 C（消费者），可能是 B（企业），也可能是 G（政府）。

很多企业家、创业者和投资人搞不清 f2b（factory to business）和 b2f 的区别，从财务记账角度，两者间有诸多相似之处，但是其本质却完全不同。

f2b 模式是供给端驱动的传统长供应链模式，工厂通过对未来的预测进行生产排期，把货物分发给分销商、经销商，层层转运、压货，关键词是分销、压货、囤货、清库存，它代表的是上游厂家或供给端的核心利益，背后往往是全产业链的低效率与高浪费。

b2f 模式则恰恰相反，是需求端驱动的反向供应链模式。它是收集、整合众多小 b 的碎片化需求，通过“集单”的逻辑，汇聚下游订单后向上游进行采购，进而降低产业链各个环节的成本、提高全产业链的整体效率，代表了需求端和小 b 的利益。

从财务结果看，采用 f2b 模式的企业往往展现出低周转、高应收款、高资金占压等特征，具有较大的经营风险。这类企业的本质是传统分销商、贸易商逻辑，经营波动性较大，净资产收益率低，是一门可以赚钱但并不值钱的生意。

与此形成鲜明对照的是采用 b2f 模式的企业，这类企业往往在大规模、高增长的同时，能够做到资金占压低、周转速度快、经营风险小，因此可以实现可持续的高增长。

由此可见，f2b 是厂家驱动的传统商业逻辑，而 b2f 是需求驱动的创新商业逻辑。这两者的底层逻辑完全不同，

f2b 模式在多数行业属于传统常见模式，而 b2f 需求驱动的反向供应链模式属于创新模式。

快时尚跨境电商 SHEIN 估值曾达到近千亿美元，SHEIN 的营收在 2025 年预计将达到 585 亿美元，这一体量将超过其两大竞争对手 H&M 和 ZARA 的年销售额总和。SHEIN 商业模式本质就是 C2M 需求驱动的反向供应链创新模式。

需求驱动的反向供应链创新模式，作为产业互联网最为典型的商业模式，在各行各业有望逐步迸发巨大的能量。产业互联网依托需求端的力量，将全面推动供给端结构性改革与创新。

基于共享和赋能思维，产业互联网平台聚集了碎片化存量流量，进而反向重构整个 f 端（供给端），它可能是工厂（Factory）制造的产成品，也可能是农场（Farm）生产的农产品，可能是资金的供给（Finance），还可能是物流交付（Fulfillment）等。

这种模式既能通过规模议价降低需求端采购成本，也能助力 f 端提高生产和服务效率，从而**提升整个产业链效率，**

形成需求驱动型精益供应链，最大限度减少全产业链的浪费与错配，实现实体经济价值链的共赢。

产业互联网是中国经济高质量发展的主要解决方案

商业的本质是效率与成本之争。

中国经济发展到现在的体量与规模，GDP 将进入中低速增长周期。从 6% ～ 8% 的高速增长降到 4% ～ 5% 的中速增长，甚至逐步降低到低速增长，中国无法再走总量增长的老路，必须转向高质量发展的新道路。

如何在经济总量中低速增长背景下，仍能让民众百姓获得更高的居民收入、让企业获得更高的盈利进行循环投资？其间难度颇大。

中国经济高质量发展的内在逻辑是通过提升全要素生产率——运用新技术、组织与生产创新等实现创新驱动，“站在全产业链角度推动降本增效”是其中最为重要的路径。

历经多年“拧毛巾”，单个企业的“降本增效”仍有空间，但已较为有限。当前，站在中国各行各业的产业链上空俯视产业链中各个环节，各个组织之间的浪费与错配仍极为严重。因此，若能革命性地消除或化解产业链各环节间的浪费与错配，中国经济将有望实现高质量发展，而这恰恰是产业互联网平台的主要价值与内在本质。

在中国这一存量经济体量极为庞大的经济体之中，产业互联网在每一个行业都可能发挥大作用，在规模大的行业会产生大平台，在规模小的行业可以产生小平台。站在产业链上空，由需求驱动建立反向短供应链，消除或减少浪费与错配，在各行各业都大有可为。

小发展靠努力，大发展靠机遇。

产业互联网是未来 10 年中国最大的商业机会之一，b2f 产业路由器模式是未来十年中国最可能领先的商业模式之一。

中国正处在从消费互联网到产业互联网的时代转折点，

众多 PSD[①] 创业者，正在各行各业建立赋能型低摩擦产业共同体，共同推动中国经济迈向高质量增长。

产业互联网是“产业集群 2.0”

产业互联网平台是新技术新科技的搭载和运营平台。它像一艘航空母舰，搭载着少则几千家、多则十数万家中小微企业共同使用新技术武装企业经营。

过去，数字化技术公司要一家一家地推广新技术，销售与服务成本高，小微企业也无力支付高昂费用使用新技术，陷入两难境地。产业互联网平台往往以免费或者低价格为数万家中小微企业批量提供以数字化为代表的新技术，再通过随后的交易、物流等方式获得合理利润，这是一种典型的“利他思维”。因此，产业互联网平台高效实现了新技术的平台化广泛应用，并以此为依托建立了基于数字化的赋能型低

① PSD 指 Poor（空杯心态的）、Smart（聪明的）、Desire（有渴望的、有梦想的）。

摩擦产业共同体。

产业互联网最大的推动力来自产业集群的演进。过去20年，在中国，凡是产业集群做得好的地方，地方经济通常就非常有活力。

产业集群1.0实现了生产环节的物理集聚效应，产业互联网的本质是产业集群2.0，是跨越了空间限制和时间限制、线上线下一体化的新型产业集群，这是其具备爆发力和长期价值的内在本质。

产业互联网是“销供产”全价值链的数字化、在线化、智能化，是“销供产”在地理空间和网络空间叠加的集聚效应，注意，是“销供产”全价值链，即b2f需求驱动的反向短供应链，不是传统的“产供销”逻辑、不是f2b的传统长供应链。

产业互联网是商业、制造业、服务业各类大中小企业主体的融通发展，是互联网、大数据、人工智能与实体经济的深度融合，是低摩擦产业共同体的新型组织形态，是一种跨越组织边界的“无边界组织创新”，即产业协同创新。

过去，从供给端到最终用户层层分销、层层压货，如今，产业互联网强调的是从需求端反向拉动的供应链，而且是短供应链，很多低价值或者无价值中间环节被消灭，或者被转化为新定位，但通过赋能离用户最近的高价值环节，小b（销售与服务端）对用户服务能力得到了提高，平台方携手供给端赋能小b共同服务最终用户体验。**规模不经济的事项交由小b、小f完成，产业互联网平台则专注于规模经济的相关业务。**

产业互联网不是传统电商逻辑，它和电商逻辑在很多方面恰恰是相反的逻辑。过去的电商逻辑是要把中间所有环节都干掉，这对中国经济发展有利有弊，在某些情况下甚至可能是弊大于利。产业互联网所弘扬的共享、赋能、利他思维代表了高质量发展所需要的新商业文明。

产业集群的本质是产业协同组织形式的重大创新。产业互联网构建赋能型低摩擦产业共同体，其内核是全新的产业协同组织形式，是“大众创业、万众创新”的升级版。

当产业互联网平台通过互联网化将新技术赋能数以万计中小微企业的时候，就是在切实推进大众创业、万众创新，让海量门店、工厂都能提高效率、降低成本、减少浪费，用更少的资金、更少的人力做更多的生意，这就是大众创业、万众创新的意义所在。

商业模式创新实践

汇通达，通过“5+”赋能打造产业共同体

作为中国产业互联网的典型案例，汇通达通过共享与赋能连接了约 20 万家新农村的夫妻老婆店，为其提供“5+”赋能和“5 帮富农”帮扶，进而带动了近 50 万名门店经营人员就业，连接和服务了 1 亿个农民家庭。

所谓“5+”赋能是指 + 能力，包括“+ 工具”“+ 商品”“+ 活动”“+ 金融”“+ 社群”，将传统的夫妻老婆店“升级”为拥有线上线下经营能力、本地用户运营能力的新型“互联网化、数据化、服务化、生态化”的本地服务平台。

除了“5+”赋能，汇通达还在农村新生态下提供“5 帮富农”服务，即帮卖农产品、帮找工作、帮装光伏、帮融资金、帮租房地。几乎覆盖农村生活与农业生产的

全部环节。

汇通达新农村产业共同体改变了农村夫妻老婆店只能作为“销售下水道”的命运，以利他思维为夫妻老婆店降本增效，从而使它们发挥社会“神经末梢”的作用。

产业互联网是“共同富裕”的国家级解决方案

共同富裕是指全体人民通过辛勤劳动和相互帮助最终达到丰衣足食的生活水平，也就是消除两极分化和贫穷基础上的普遍富裕，是邓小平建设中国特色社会主义理论的重要内容之一。中国人多地广，共同富裕不是同时富裕，而是一部分人、一部分地区先富起来，先富的帮助后富的，逐步实现共同富裕。

但是，如何实现共同富裕？如何落地这一国策？实现“共同富裕”的有效抓手或载体是什么？这是摆在政策制定者和理论研究者面前一个巨大的挑战与难题。

“万物互联”的信息高速公路极大地提高了全产业链跨组织的协同合作效率，各行各业的产业互联网平台正在从较为单一的信息服务功能成长为为众多中小微企业提供全方位综合服务的最佳载体。因此，在讨论“共同富裕”实现路径时，产业互联网平台所发挥的独特作用尤其应该得到关注，尤其值得进一步深入研究。

产业互联网平台通过数字化、智能化打通了全产业链上下游企业间的商品流、物流、资金流、信息流等全要素，通过实时连接、智能配对，高效实现了全产业链角度的“降本增效”，通过市场化力量实现了对海量中小微企业的有效帮扶，产业互联网平台由此成为助力“共同富裕”的有力抓手。

产业互联网平台形成产业集群 2.0，即跨越地域等物理边界形成全国乃至全球上下游之间高效协同的新型产业集群。产业互联网平台实现了区域间的优势互补与资源整合，将发达地区的优质资源、信息、能力、产品带给落后地区，并盘活落后地区的闲置资源、资产、劳动力，促进当地的产业升级和发展，提高当地人民的生活水平，将当地的资源、产品等高效带到全国或全世界，从而让更多落后地区参与全国大循环和全球竞争，这是迈向共同富裕的必由之路。

产业互联网平台以提升一个行业的整体效率和消灭产业链的一切浪费为使命，是新型的“分布式商业网络”，不再是传统的“集中式中心化网络”，通过帮助供需两端中小微企业实现高效对接、智能配对，更多的“神经末梢”在焕发更大的活力，千万计中小微企业得以有效提升利润、降低成本，这无疑是当下中国实现共同富裕的最优市场化路径。

因此，产业互联网平台不仅经济价值巨大，社会价值更为巨大，天然具备极强的ESG属性，值得各级政府给予最大力度的支持与倾斜，也应该成为中国资本市场下一个十年的重点发展板块。

产业互联网是中国经济高质量发展的主要解决方案，是产业集群2.0版，是共同富裕的国家级解决方案，更是中国这一巨大存量经济体的现实机遇与超级赛道。产业互联网将是对中国120万亿元GDP存量经济的重构再造。

产业互联网的创业机会和投资机会是如此巨大，期待更多创业者在这个“长坡厚雪”赛道上尽显风采！

商业创新方法论

产业互联网的六大模式

- 第一种模式是以 A 股上市公司国联股份为代表的工业品领域 b2f 需求驱动的反向供应链模式。采用这一模式的产业互联网平台先汇聚小 b 的订单，然后再面向上游厂家集合采购。

- 第二种模式是以港股上市公司汇通达为代表的消费品产业路由器，即 c2b2f 模式。这种模式是通过连接和赋能线下小 b（小商户）最终触达 c（消费者）的商业逻辑。

- 第三种模式是面向大中型企业的 SaaS 模式。在我国的市场环境下，只有面向大中型企业的 SaaS 模式才有可能成功，面向小微企业的 SaaS 很难生存。

- 第四种模式是 AIoT+SaaS 模式，在工业互联网领域，未来可能会在各个细分赛道都有优秀的公司脱颖而出。暖流科技利用 AIoT 技术，实现供热精细化运营，可实现 15% ～ 20% 的减碳目标。这是一个以数据和人工智能技术驱动的智慧能源 AIoT+SaaS 平台。

- 第五种模式是以纽交所上市公司贝壳找房为代表的协作共享模式。这种模式主要应用在对人员依赖度相对较高的专业服务领域。贝壳找房的协作共享模式未来在很多领域（比如房产经纪、保险经纪、猎头经纪等）都有较大发展空间。

- 第六种模式是以 7-11 为代表的强赋能型连锁加盟模式。在中国，企业的连锁化率比较低，有巨大的提升空间。因此，在各行各业对小 b（商户）进行强赋能，实现利润共享、风险共担的低摩擦产业共同体蕴藏着巨大的商业机会。

THE PARADOX OF CHANGE

04

解密日本 7-11 低摩擦产业共同体

低摩擦赋能型产业共同体是
中国企业的未来形态。

日本便利店连锁公司 7-11 是赋能型低摩擦产业共同体的标杆案例。作为“超级物种”，7-11 不仅可以供连锁加盟行业参考，也值得各行各业的产业互联网企业借鉴，更值得每一家想建立赋能型低摩擦产业共同体的企业进行像素级深入研究。

人们现在经常提到“产业互联网”。如果你是企业家或创业者，那么读懂 7-11，以它为标杆，将它的做法映射到你所在的行业和领域，可以帮助你从更深层次理解和高效践行“产业互联网”模式。

日本 7-11 不仅是便利店，而且是“赋能型产业共同体”

你可能会想，7-11 不就是一家便利店吗？然而，当你得知它的毛利率高达约93%、人均净利润为125万元时，你就不会这么想了。

首先来看几组令人震惊的数据。7-11财报显示，截至2022年2月28日，7-11总部的毛利率达到92.4%，人均净利润为人民币125万元，7-11年度净收入8 630亿日元（折合人民币506亿元）、净利润1 897亿日元（折合人民币111亿元）。我想强调下面两个数字：92.4%和125万元。

虽然7-11的零售加盟店的毛利率约为31.7%，但总部的毛利率则将近93%。一家便利店连锁公司，怎么可能获得如此高的毛利率呢？这超出了绝大多数人的认知。

7-11的人均净利润高达125万元。这是更加惊人的数字，如果你对此没有感知的话，我们可以做一个企业间的横向对比。2021年财报显示，阿里巴巴的人均净利润是57万元。7-11在如此传统的连锁便利店赛道，人均净利润甚至超越了中国乃至全球最优秀的互联网平台公司。

共享 + 赋能，7-11 的“产业共同体”

7-11 是如何做到的呢？首先，它是一个共享型产业共同体，其次它是一个赋能型产业共同体。通过共享与赋能，7-11 构建了一个低摩擦产业共同体，极大地提高了 7-11 生态体系的运行效率和竞争力。图 4-1 展示了 7-11 生态体系的各个环节。

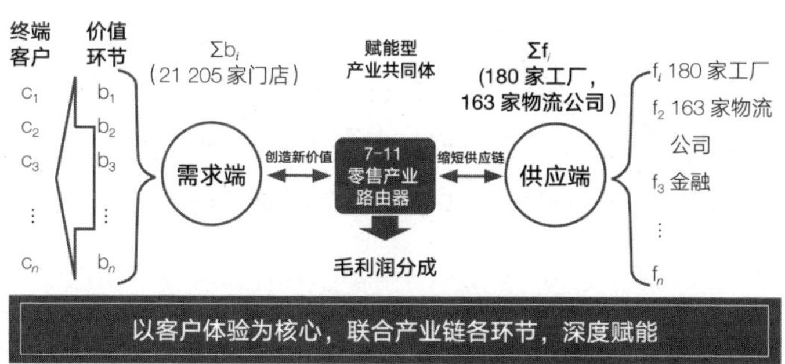

图 4-1　7-11 生态体系

7-11 共有门店 21 000 多家，但是真正隶属于 7-11 总部的直营店只有 427 家，剩下 2 万多家门店是加盟店。在中国，加盟的失败率非常高，所以我想特别强调 7-11 对门店的共享与赋能逻辑。

7-11与加盟店共享了什么呢？共享了这2万家加盟店黄金的地理位置、店面、经营机制。加盟店通常以传统的夫妻老婆店起步。这些店的家族经营模式不需要高管理成本，由于是自己谋生的产业，店主的自驱力特别强。因此，这种共享模式革命性地降低了大企业的管理成本。

那“赋能”又是指什么呢？零售业有非常多的成功要素：好的商品、好的物流、高周转、无数经营细节和管理能力，例如怎么订货，怎么接待客户，怎么做促销，怎么把货摆到合适的位置。7-11和它的加盟店结合成为产业共同体，帮助后者更好地服务C端用户，获得更高的经营能力，通过这种方式帮助整个产业链提高效率、降低成本。

在供应链端，7-11联合180家工厂、163家物流公司以及一些金融服务企业，形成了一个低摩擦产业共同体，也就是盛景所说的产业路由器。

它一边团结下游夫妻老婆店服务C端用户，一边团结上游供应链，通过这种方式打通了整个产业链，实现整个产业链物流、资金流和信息流的高效流转，帮助整个产业链提高效率、降低成本，并且赋能高价值环节、消灭低价值环节。什么是高价值环节呢？夫妻老婆店是离用户最近的环节，这往往就是高价值环节。什么是低价值环节呢？比如传统的一批、二批、三批等中间环节，这些环节通常不产生价值，因此是低价值环节。

长期合作、按毛利分成，7-11 独特的盈利模式

7-11 不靠加盟费赚钱，而是在帮助小 b 夫妻老婆店降本增效的基础之上进行毛利分成。

7-11 总部的毛利率能达到 92.4%，在于它不需要承担 2 万多家门店的房租、人力成本、货品成本等，这些成本直接由各个加盟店自行承担，而 7-11 会派督导指导加盟店的经营。督导类似于我们常说的指导顾问，被称为 OFC。一位 OFC 负责 7 ～ 8 家门店。7-11 与加盟店会就经营毛利进行分成。

所以，7-11 **本质上不仅是便利店连锁公司，而且是一家赋能服务公司**，通过对门店进行长期、深入、全方位的赋

能服务，帮助它们赚到更多利润，最终根据毛利进行分成。

我们再来详细分析 7-11 的收益模型，它的交易分成方式包含很多关键细节。

7-11 与加盟店合作，其中有一种重要的合作方式叫 A 类店。对于 A 类店，7-11 按照毛利的 42% ～ 45% 进行交易分成。通常它与一家 A 类店的签约时间是 15 年以上，相当于长期绑定。

同时，比如说经营满 5 年，7-11 可能将分成比例下调 1%，经营满 15 年可能下调 4%。这种做法的底层逻辑就是，7-11 的赋能是有累积效应的，双方合作年限越长，加盟店自己的能力越强，7-11 的督导工作难度就越低，所以，加盟店的留存收益应该更多一点。

不仅如此，如果在 7-11 的指导下，加盟店没有达到预计的最低盈利水平，7-11 不仅不参与分利，还会给加盟店补偿。7-11 加盟店和 7-11 总部是“一荣俱荣、一损俱损”的关系。

因此，7-11 不仅是一个赋能平台，更是一个联合创业平台，帮助加盟店的店主取得更大的成功。

今天，我国提倡大众创业、实现共同富裕、“大手拉小手”，在 7-11 身上得到了体现。7-11 用它的大手去拉夫妻老婆店的小手，发挥双方的优势，强强联手，助力加盟店获得更大的成功。

详解日本 7-11 的全面赋能“三板斧”

7-11 商业模式的逻辑并不复杂，真正的难点在于：为什么被 7-11 最多分走 45% 的毛利之后，这些加盟店的利润还能比一般门店高呢？

这是因为，7-11 几乎在门店经营中全方位帮助夫妻老婆店，改善其经营能力、经营效益，包括对小店的文化赋能、商品赋能、IT 赋能、OFC 经营赋能、物流赋能、金融赋能等。我们来看几个例子。

商品赋能：极致的单品管理

在日本，罗森、全家等品牌也都在学习 7-11，但到目前为止，它们在商品赋能方面的表现与 7-11 仍有巨大的差距。

加盟店一旦确定了地理位置，就意味着它的周边人群是相对固定的，那怎样获得最多的用户呢？答案就是精选商品 SKU[①]，你的商品要尽可能覆盖更多客群，男女老少各类人都能覆盖到，这样才能获取最高的盈利水平。

7-11 门店不是很大，一个门店平均 140 平米，但是有 3 000 个 SKU。SKU 越多，管理难度越大，容易产生库存、产生积压，容易造成亏损。7-11 的核心就是做到极致的单品管理，力争让每一个单品都成为爆品。这是它核心的赋能价值的极致体现，也是 7-11 单品管理理念中的“一品一客户”“一品一市场”。

“一品一客户”是指，每一个单品都有它明确的客户指

① SKU 是 Stock Keeping Unit 的缩写，通常指最小存货单位。SKU 可以是件、盒等。——编者注

向。举个例子，疫情期间大家都要戴口罩。口罩是有区别的，大人的口罩与小孩的口罩不同，这一点很好理解。但在 7-11，口罩还分男士口罩和女士口罩，这有什么区别吗？有人说颜色不一样，男士的是蓝色的，女士的是粉色的。在 7-11 看来，这点区别还不够。对很多有化妆习惯的女性而言，普通口罩可能会破坏妆容，针对这种需求，7-11 设计的女士口罩立体感明显更好。这样的口罩设计吸引了大量日本白领女士，她们非常愿意为买这一款口罩而去 7-11 购物。

换句话说，7-11 每一款商品都有非常精准的目标客群，吸引消费者来到门店。进入门店后，你可能不会只买一个口罩，顺便还会购买其他商品。

什么叫“一品一市场”呢？

7-11 最受欢迎的是便当，在不同的市场环境中，客户对便当的需求完全不一样。在日本，如果门店开在写字楼附近，那么新鲜的便当更受白领客户喜欢。为了突显食材新鲜，便当里面最好有绿油油的生菜；如果门店开在了海边，这里的受众大多是出海打鱼的渔民。他们会在出海之前去 7-11 买便当作为午饭，如果针对渔民群体还是采取同样的策略——主打新鲜，就会有问题。因为，早上便当里那些绿油油的生菜叶经过暴晒，到了中午或者下午，可能就蔫了，导致用户体验很差。因此，面向渔民群体的便当应该使用梅干菜，这样一来，早上买的便当，中午吃、下午吃、晚上吃依然很香。所以，同样的商品在不同的地方，形态是不一样的，要符合这个市场或者这个区域的特征或需求。

商品赋能：保证高频率产品换新

连锁便利店的商品最讲究的是常换常新，消费者为什么总去 7-11 门店？因为门店隔两天就会有新产品上架。7-11 的 3 000 个 SKU，年度换新率高达 70%。也就是说，从年初到年尾，你会发现门店中 70% 的商品都是新品类、新品种或者新单品。如此高的产品换新速度，给消费者带来了吸引力和新鲜感，吸引消费者不断高频进入 7-11 门店。

7-11 门店里的商品有一个很重要的特征，那就是包含大量 7-11 独有的自有品牌商品。7-11 的自有品牌名为 7-Premium，比如 7-11 定制款三得利的水，名为“7-Premium 三得利”。7-11 供应链的独特性和独占性决定了当它面对罗森、全家的竞争时，能够凭借品质更好、更具特色的商品，以及不断推出的更具新鲜感的新品，吸引更多客户。

7-11 有多少研发人员才能确保实现高达 70% 的换新率和每周推出 300 个新品的目标呢？答案是，7-11 的商品部只有 100 名员工。

7-11 的研发人员不仅包括 7-11 总部的直辖人员，还包括 7-11 所连接的 80 多个企业、100 多个细分领域的专家，他们和 7-11 商品部的 100 名员工共同构成了联合研发组织，7-11 将其称为“日本鲜食联合会”。日本鲜食联合会是一个经营体，是一个交易体，不是一个单纯的社交组织。

7-11 在组织联合研发时，会细分到全产业链和所有的流程关键细节。比如，7-11 从一线客户处获得需求，要做一个手握寿司单品，首先要解决规模化生产的问题：手握寿司设备研发商会参与研发，原材料供应商会寻找合适的大米，生产工艺专家会研究让大规模机器生产的寿司口感跟手握寿司的口感趋于一致，物流合作方要确保寿司在配送过程中保持新鲜等问题。这种紧密的配合需要大量协作，所以

7-11 要形成一个“低摩擦产业共同体”。

只要这款产品研发出来，7-11 通过终端零售的赋能让它大量销售出去，参与各方都能获得收益：做设备的可以通过卖设备获得收益，做产品的通过卖产品获得收益，生产原材料的通过原材料销售获得收益，提供物流的则从物流服务中获得收益。在整个产业链当中，大家通过协作共享的方式，获得各自合理的收益。

很多人一直认为 7-11 是连锁零售业，但事实上它也是一种新供给和新制造，是创新的 b2f 需求驱动的反向供应链模式。

先捕捉前端用户需求，反向对供应链提出要求，供应链的各方面进行协同，快速做出反应。由此可以看出，7-11 使用的正是 b2f 需求驱动的反向供应链模式。7-11 不仅是零售连锁企业，而且是产业互联网平台企业，它把零售终端和所有供应链各个环节——工厂、仓储、物流、研发等，全部进行了互联互通，建立了低摩擦的产业共同协作，确保整个产业链的最高效率和最低成本。

7-11 经常讲的一句话是“组织不在组织内部，而是建立在组织以外”，这正是通过深度赋能的方式形成赋能型产业共同体的指导原则。

IT 赋能：掌握信息、利用信息、赋能门店

一想到 IT，大家往往想到的都是高大上的概念，比如人工智能。今天中国连锁零售行业的 IT 建设已经非常发达，我们不妨来看一看 7-11 如何用 IT 数据辅助进行决策的案例。因为建设 IT 系统的真正目的是提高各个环节、角色的决策水平，以及提高运行效率。

早年间，在互联网技术还没有那么发达的时候，7-11 的收银键盘就与普通的收银键盘不一样，键盘里有一大堆的标识。7-11 店员在结账的时候，顺便敲一下标识码，快速收集用户信息，从而实现用户信息和商品匹配。这种方式可以不断迭代商品研发，帮助理解用户需求和商品研发之间的关系，形成对客户需求的快速响应能力。

如果我们能够获取经营过程中的更多数据，就能提高企

业经营效率、降低经营成本，即便用这么俭朴简陋的方式，也不妨碍 7-11 获得数据决策经营的能力。由此我不禁想起任正非先生说的一句话："不要光炫耀锄头而忘记了自己是耕地的。"很多时候企业家、创业者会说我们使用了人工智能、大数据，但是忘了经营本质是什么。我们上线了最先进的 IT 系统，却没有做出与之相对应的高效经营水平，没有建立与之相对应的数据驱动经营的机制。

7-11 的创始人铃木敏文谈道："掌握市场信息的人将控制全产业链，即便你拥有店铺、拥有卖场、持有生产设备和物流设施、拥有充足的人手，但是如果你不知道该卖什么、不知道该怎么卖、不知道该什么时间卖、不知道该卖给谁、不知道该如何提高产值，那即便是万事俱备，也是白搭。"如果不掌握信息，这些资源都会成为无用之物。**信息会左右企业的存亡。**

7-11 的数据不仅仅用于企业自身，而是在整个产业链上成千上万的伙伴企业中共享。这就是 7-11 能够打通产业链，进行产业链的分工协作，提高产业经营效率的底层原因。贯穿全链条的数字化系统，为 7-11 构建低摩擦产业共同体打下了最为坚实的基础。

今天，中国在零售领域有大量 IT 公司做 SaaS 模式，SaaS 在大企业存在刚性需求，但是如果要面向中小微企业通过售卖 SaaS 系统获得收益，则非常困难。因为面向中小微企业的 SaaS 创业公司普遍面临“三高两低”的困难：研发成本高、销售成本高、运维成本高，但同时产品定价低、续费率低。

7-11 即便有这么先进的一套 IT 系统，但它没有将这套系统售卖给那些夫妻老婆店，而是作为赋能工具助力这些小店提高经营水平和经营能力，最后以门店毛利分成的方式获利。7-11 总部先提高门店经营能力，提高门店盈利能力，然后再与加盟店进行毛利分成，这就是 7-11 的 IT 赋能。

OFC 经营赋能：每周精进的经营能力

经营过程中，怎样能够让一线的夫妻老婆店用好 IT 系统呢？怎样才能够让它们通过极致的单店管理提高经营水平和经营效率呢？

7-11 有一支非常重要的队伍——OFC（区域督导），这个团队共有约 3 000 人。一名 OFC 管理 7 ～ 8 家门店，帮助这些门店做很多有价值的事，比如，要帮助门店老板学会怎样下单、订货。

很多人说，不是有大数据吗？大数据不是可以做 IT 智能决策吗？对，**大数据只能代表过去，但并不一定能够代表未来**，而且大数据只能采集到它能采集到的信息，无法采集到它不能采集到的信息。

假设我们要进行明天的下单，那应该怎么下呢？系统会提示，今天面包卖得特别好，按照大数据的逻辑，那我明天应该多采购面包。但实际情况是这样的吗？不一定。可能客户在结账的时候抱怨了一句："怎么又没有便当了。"他本来是想买便当的，但是便当卖光了，不得已才买了面包。由于进货总量有限，如果你明天采购了更多的面包，可能就会减少便当的采购量。客户下一次进店时又买不到便当了。如果这种情况持续几次，那么用大数据做决策，就会导致客户用脚投票，不再进店了。

所以，大数据虽然有很重要的参考意义，但并不能代表一切。

OFC 在指导店主下单的时候，特别强调店主可以根据导出的历史经营数据来做下单决策，但不能让系统自动下单。店主亲自做下单决策能够保证他参考了系统数据没有采集到的其他重要信息。

例如，开在一所学校附近的一家 7-11 门店的店主会知道，明天或者过两天学校要开运动会，届时一定有家长过来助威观战，所以门店应该为前来参加运动会的家长提前做准备，配备家长所需要的商品，这就是系统无法感知到的未来信息。

经营便利店并没有多么高难度，但要把一个个细节动作做到位并非易事。7-11 门店采用 24 小时营业制，这给经营者提出了更高的要求。

在开早会的时候，店员要学会怎样更好地鞠躬——什么时候鞠到 75°，什么时候鞠到 50°，什么时候鞠到 90°；要学会怎样更好地微笑，要学会怎样更好地与客户沟通和交流，要学会怎样更好地理货，要学会怎样更好地打扫门店等。

这些难吗？不难。做好一件琐碎的事情不难，但难的是日复一日地做好一件又一件琐碎的事情。几十家门店不难管理，但 7-11 有 2 万多家加盟店，要在每一家加盟店中日复一日地推行这套“基础彻底”的理念和流程，这极有挑战性。这需要对门店员工进行长期训练，让 2 万多家门店的“末梢神经”将每一个细节都内化为本能习惯。

OFC 督导是赋能 7-11 门店的关键，所以，如何帮助员工不断提高能力才是成功的关键。

铃木敏文每周一都会召集所有 OFC 来到 7-11 总部，开经营研讨会，在 40 多年里始终如一。随着企业规模的不断扩大，经营研讨会现在改为两周召开一次，但流程和内容与之前基本一致。

经营研讨会分成上午和下午，上午是总部宣贯新流程、新制度和新政策；下午是所有 OFC 研讨，研讨这一周什么做得好、什么做得不好、什么需要改善。做得好的部分提炼出来，变成下一周的迭代方向。听起来是不是感觉似曾相识？互联网之所以有如此之快的发展，也是因为快速迭代、敏捷开发，而 7-11 践行这一方法论已经接近了半个世纪。

小米刚刚成立的时候，特别让人震撼的一点是以周为单位快速进行迭代，每周迭代一个版本。只有互联网公司可以做到这一点吗？当然不是，像 7-11 这么传统的连锁便利店形态，当它的约 3 000 名 OFC 通过周度经营研讨会，不断迭代每一个经营环节和每一个经营细节的时候，这种以周为单位进行迭代的能力，一点也不亚于互联网公司。

OFC 是非常重要的经营团队，7-11 每次开年度会议的时候，坐在铃木敏文身边的不是各级副总，而是业绩排在前十位的 OFC。今天，中国互联网公司的快速迭代能力很强，但是各行各业都可以向 7-11 学习这种每周迭代、每周精进的经营能力。

看透本质：时间是直营的敌人，是加盟的朋友

我们再回过头来谈消费互联网和产业互联网的逻辑。

消费互联网的逻辑是通过一个平台解决消费者的问题，

没有中间环节介入。消费互联网已经那么发达了，但是它也只占整个社会零售总额的约 25%，其余约 75% 的份额是在线下完成。

为什么线下环节不可逾越？为什么小 b（小商户）不可逾越呢？因为体验场不可逾越，线下的“人”不可逾越，这就是产业互联网之于经济体系非常重要的原因。在产业互联网中，除了客户在线、商品在线、管理在线之外，非常重要的还有“员工在线”，这是不可或缺的环节，是需要赋能管理的环节。

7-11 凭借无数细节方面的深度赋能，成为全球单店业绩排名第一的便利店连锁企业，是中国同行盈利能力的 5 ～ 10 倍。所以，即便被总部分走了毛利的 42% ～ 45%，门店在 7-11 体系中依然具有良好的盈利能力。毛利分成模式很常见，但这个模式能够真正落地、真正跑通，一定离不开重度赋能。

帮助整个产业降低成本、提升效率

7-11 内部流传这样一句话：不要把 7-11 当成一家大公

司，我们由一个一个的小门店组成，把小门店的经营效率做到了极致，就获得了相当可观的盈利。除了门店单店经营以外，门店跟整个产业链之间也密不可分，因此，通过产业效率提高、成本降低，也能够帮助门店获得更高的利润。

以物流为例，7-11 一个门店的面积约为 140 平方米，包括 3 000 个 SKU。为了帮助这些门店更精准地配货，7-11 采用“一日三配”，早、中、晚各配货一次，从而满足门店精准灵活下单的需求。决策周期要短，下单精准度要高。比如一家门店在订牛奶时可以只订几盒，这种方式可以最大限度地降低门店的库存周转和损耗。

读者可以猜测一下，7-11 一个门店 3 000 个 SKU，需要多少辆车完成配送？

铃木敏文在《零售的哲学》中提到，1974 年时，7-11 每天大概需要 70 辆车为每家门店送货。现在通过统仓统配，每天仅需要 9 辆车就可满足为每家门店配货的需求，不仅革命性地降低了配送的物流成本，而且货物保障率高达 99.9999%，即按指定时间到货正负误差不超过 30 分钟。

要做到这一点，就必须重构整个物流运行链条，工厂要把货集中到 7-11 的统配仓，由统配仓进行周边货品的分发。与此同时，也需要开店策略的支撑。7-11 长期坚持密集开店，甚至是“统治性密集”开店，即一个十字路口的 4 个位置最好的点位都有 7-11 门店，因为密集开店可以大大提高物流配送效率。解决一个难题涉及方方面面的工作，前提是参与各方目标一致、形成合力，所以，7-11 一直致力于构建低摩擦产业共同体。

高效的物流不仅体现在运输车辆的缩减上，也体现在货物的高效周转上。7-11 有这样一句话：“货要么在货架上，要么在路上，just in time。”

中国正在从 GDP 的高速增长向高质量增长转变，就是要将每一个产业链的效率大幅提升，同时革命性地消除各个行业、各个领域的巨大错配和严重浪费。

7-11 通过共享、赋能的方式帮助每个门店降本增效，既包括门店自身层面的降本增效经营，更包括整个产业链整体的降本增效。物流效率是代表一个国家、一个产业效率非常重要的指标。在中国，物流占 GDP 总量约 15%，而在美国这一占比为 7% ～ 8%，物流占比较低意味着产业效率较高。

产业互联网平台，做好规模经济业务，实现指数级增长

7-11 是赋能型产业共同体，既有自营部分，也有赋能部分。自营和赋能是辩证的关系：首先你要做好自营，因为自营是赋能的基础，你要想教别人做，为别人赋能，自己必须先做好。同时，很多领域和很多产业的大规模自营扩张，往往都会陷入“规模不经济”的陷阱。零售连锁业，有些环节存在显著的规模经济，有些环节则属于规模不经济的范围。

什么环节属于规模经济？比如产品研发，虽然研发成本很高，但一旦产品研发成功，卖得越多，企业盈利越高，边际成本就会逐渐降低。再比如，IT 系统建设开发成本很高，一旦你开发出来，就可以给全球约 7 万家门店使用，可以给上下游数以千计的产业链企业使用，边际成本几乎为零。还比如培训，把门店经营规律提炼出来，培训一个店和培训 2 万个门店的成本差距并不大，培训的边际成本非常低。

什么环节是规模不经济的呢？终端门店的人员管理往往是规模不经济的。很多连锁企业门店数量扩张到一定程度之后，就会超越管理边际，要不断加大投入管理人员、解决“跑冒滴漏”[①]等问题。

赋能，其实是把规模经济和规模不经济进行创造性融合。门店、黄金地理位置和夫妻老婆店自我经营特性，这些是规模不经济的，小组织有其灵活性优势。在此基础上，产业互联网平台将商品研发、IT系统、培训等规模经济的能力给产业链合作伙伴赋能，就能够突破规模不经济的陷阱，实现指数级增长（见图4-2）。

在产业互联网的发展进程中，平台型企业要做规模经济的事，把规模不经济的事让给门店、工厂等小b、小f做，这样才能形成优势互补、强强联手。7-11以自营门店打样，建立了强大高效的经营水平和经营能力，以赋能模式实现扩张复制，实现了指数级增长。

① “跑冒滴漏”原指气体和液体在运输过程中泄漏的现象，用在管理中，是指纪律松懈、工作不到位、敷衍了事、拖拖拉拉等现象。——编者注

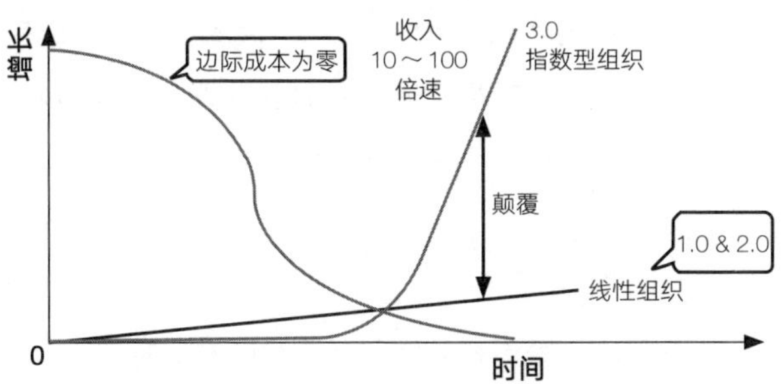

图 4-2 突破自营瓶颈，实现规模指数级增长

如果是自营扩店，仅仅薪酬一项就需要极大的成本。自营往往只能是线性增长，甚至多数自营模式企业会走入“规模越大，盈利水平越低”的怪圈，因为管理边际效应下降、对管理投入的要求更高。7-11 高速扩张的时候，门店、工厂、物流等都是共享模式，规模经济的 IT、培训等边际成本极低，一名 OFC 可以管理 7 ～ 8 家门店，只要增加 OFC 的数量，就能够支撑 7-11 的高效扩张。

7-11 在传统的连锁便利店赛道中，实现了不亚于独角兽公司、新经济公司的指数级增长，扩张的边际成本几乎为零，所以 7-11 被定义为赋能共享型产业共同体。7-11 对自己是这样定义的：

> 我们是没有门店的零售业，没有工厂的制造业，没有物流设施及配送中心的物流产业，没有人手的人才产业。

7-11 没有购买任何一家门店的股份，而是把日本 2 万多家夫妻老婆店、180 家工厂、163 家物流公司紧密团结起来，提高效率、降低成本。同时，7-11 不赚中间差价，而是通过重度赋能把各个领域的产业能力和盈利能力提升起来，通过门店增长获得自己的毛利分成收益，从而实现多赢。

赋能型产业共同体的底层逻辑几乎可以应用于中国的各行各业。中国要想从 GDP 高增长转到高质量增长，就需要采用赋能型产业共同体方法论，它是对中国 120 万亿元 GDP 进行重构的一种新方法、新理念。同时，这也是大众创业、共同富裕的国家级最佳解决方案，是产业互联网平台发展的必由之路。

赋能型产业共同体，或者低摩擦产业共同体，连接和赋能了上下游数以万计的中小微企业，具有巨大的商业价值和社会价值。盛景希望能够成为各行各业赋能型平台背后的助力者和投资人，为中国经济转型升级贡献力量。

正确看待自营与赋能的辩证关系

企业家、创业者一定要用辩证统一法看待自营与赋能的关系。

自营能力很强的企业通常不屑于做赋能，因为在企业发展早期阶段，自营效率往往更高，子弟兵指哪打哪，跟夫妻老婆店老板谈合作很费劲，对方还不见得听指挥。但是，没有自营能力或自营能力很弱的企业给别人赋能又无从谈起。这是一个悖论。

从长远来看，赋能模式往往会好过自营模式。在门店侧或零售侧做自营，在规模不断扩大后，往往会面临规模不经济的困境。同时，“时间是自营模式的敌人”，企业自营的管理效率往往会逐年下降，随着管理层老化和店长店员心态变化，自营的弊端会逐步显现，而自营的优势开始削弱。

赋能模式则恰恰相反。从短期来看，从自营转到赋能模式，效率是下降的。但是度过了前期的适应期之后，赋能模式的优势会逐年上升。一方面，赋能模式既发挥了小商户的组织灵活性，也发挥了平台型组织规模经济下的赋能优势，可帮助企业避免陷入门店自营所面临的规模不经济的泥潭。另一方面，“时间是赋能模式的朋友”，随着时间的推移，随着加盟店经营能力的持续提升，加盟店为自己或为自己家族经营的特性也保障了店主长期全力以赴。

自营与赋能的辩证关系，其实就是做产业互联网最大的挑战，需要把短期和长期的模式和战术都想明白。只有站在一个更高更长远的视角，才能把这些看似矛盾的纠结最终辩证统一起来。

先做自营打样，建立核心能力，而后通过赋能模式扩大规模复制，这是连锁加盟业态或赋能型产业共同体的健康模式。

商业创新方法论

全面赋能的重要三板斧

- 商品赋能：极致的单品管理与高频率产品换新
- IT 赋能：掌握信息、利用信息、赋能门店
- OFC 经营赋能：每周精进的经营能力

THE PARADOX OF CHANGE

第二部分

新时代创新方法论

THE PARADOX OF CHANGE

05

商业模式六式，创新创业的顶层方法论

商业模式创新，第一句话是“自己可以复制自己”；第二句话是“别人很难复制你”。

中国经济历经数十年高速发展，资本市场稳步前进，中国因此成为创业者的乐土。“商业模式”在风险投资的助推下进入企业家和创业者的视野，成为企业经营的关键性顶层设计。

商业模式与整体经济、产业格局、科技的发展演进密切相关，一个企业的商业模式会随着前述大环境的变化而创新迭代，但商业模式创新的方法论本身具有一定的稳定性。

从 2010 年起，盛景研究院就在企业家创业者中广泛分享商业模式六式这一创新方法论，并出版了《商业模式的力量》一书。过去 10 余年，历经了 2008 年金融危机、2015 年中国股市崩盘以及始于 2019 年的全球新型冠状病毒疫情，科技、社会、经济都在不断演化，新模式、新案例如雨后春笋般涌现，但这些新模式、新案例都可以通过盛景商业模式六式进行深度拆解。商业模式六式这一创新方法论是经得起时间检验的经典方法论，对颠覆性创新、平台经济、人工智能、硬科技、产业数字化等各类层出不穷的创新都具有极强的解释力、包容力和指导性。

商业模式是基于对市场需求、消费者行为、产业链格局变迁、竞争对手战略以及自身资源等因素进行深入剖析和思考而形成的顶层路线设计。一个成功的商业模式可以帮助企业在竞争激烈的市场中获得长期优势。

对于商业模式本身，不同机构、学者对商业模式有不同的定义和解读。我认为，商业模式是源自客户价值的企业长期盈利之道。而商业模式创新源自创造“与众大不同”的客户价值，通过独特的盈利方式颠覆行业传统规则。

盈利模式是商业模式的子集，关注当下如何盈利，而商业模式的本质是长期主义，是企业发展的“第一性原理”和顶层设计。优秀的商业模式不仅关注如何盈利，更关注长期可持续盈利，更关注如何获得超越行业平均水平的超额利润。

我经常用两句话来解读商业模式创新，第一句话是“自己可以复制自己”；第二句话是“别人很难复制你”。这两句话看似矛盾，但其实是辩证统一的。当然，这种悖论恰恰是商业模式的力量所在，也恰恰是商业模式创新的难度所在。

所谓“自己可以复制自己”，就是说企业的销售额不断增长、企业的利润不断增长，这种增长不会很快就遇到天花板和瓶颈，而是一个长期、可持续增长的过程。当然，增长未必单纯靠内生发展、滚动发展，也包括并购整合，及团结竞争对手站在产业链上空重构产业本身，共建低摩擦的产业共同体等方式实现。

然而，一个优秀的商业模式只做到“自己可以复制自己”还远远不够。很多企业虽然解决了自我可复制的挑战，但是它们马上会面临大量竞争对手的恶性竞争与模仿。如果某个模式我能做、你能做、他也能做，那么这个时候企业通常就会陷入残酷的价格战，而激烈的价格战通常会导致企业利润微薄，甚至是走向亏损。所以，企业必须做到商业模式创新的第二句话“别人很难复制你”。

只有同时做到“自己可以复制自己”、“别人很难复制你”，这样的商业模式才称得上真正优秀的商业模式。这两者看似矛盾但实则辩证统一。

因此，在实践过程中，企业既要有将成功单位经济模型（Unit Economics）快速复制扩张的能力，同时，又要能建立深深的护城河，让竞争对手即使“像素级抄袭”也无法赢得竞争优势。

近年来，消费互联网企业盲目“烧钱”的行为产生了众多失败案例。有些媒体将商业模式创新与技术创新片面地对立起来，甚至狭隘地认为商业模式创新就是“烧钱”，这是浮躁的炒作，这是对商业模式创新的极大误解，是对中国企业长期可持续发展的极大干扰与误导。

技术创新，毫无疑问是国家和企业发展至关重要的成功因素。但是，再好的技术，如果没有好的商业模式保驾护航，也将无用武之地。

你可能无法想象，躺在专利局“睡大觉”的高新技术专利数量是如此之庞大。研发，是把钱变成知识，包括专利、非专利技术、know-how 等；创新，则是要把知识变成钱，即企业的收入和利润。所以，技术创新与商业模式创新绝不是对立的，恰恰是硬币的两面。企业家和创业者对技术创新和商业模式创新应两手抓、两手都要硬，切不可偏颇。

“商业模式六式”：企业经营的“原点”

在过去的10余年中，盛景指导了上万家中小企业进行商业模式创新，其中千余家学员企业登陆新三板。在北京证券交易所①开市当天的81家首批上市企业中，有13家是盛景学员企业。

由此，盛景研究院零距离见证、深度拆解了大量的商业模式实际案例，提炼出了盛景方法论之一的“盛景商业模式六式”（下文简称“商业模式六式”）。

- 第一式：精准客户定位，“杀手级”隐性核心需求
- 第二式：系统性价值链
- 第三式：收入倍增、盈利倍增
- 第四式：革命性降低成本
- 第五式：自我可复制
- 第六式：控制力与定价权

---

① 后文会将北京证券交易所、上海证券交易所和深圳证券交易所、香港证券交易所分别简称为北交所、上交所、深交所和港交所。——编者注

第一式：精准客户定位，“杀手级”隐性核心需求

精准客户定位，“杀手级”隐性核心需求，是一切商业经营的原点，也是商业模式六式的第一式，是整个商业模式设计的基石，我形象地将其比喻为“一米宽，一百米深”。

如果你的企业满足的只是目标客户的一般性需求，那么它只是一家能够生存的小企业，未来极有可能面临残酷的价格战。如果你的企业能够满足目标客户的核心需求，那么它将是一家可以快速发展的企业。如果你的企业满足了目标客户的“杀手级”隐性核心需求，那么它可能将脱颖而出，成为一家有影响力的公司，甚至成为一家伟大的公司。

发现、挖掘、满足“杀手级”隐性核心需求当然不是一件容易的事情，但也并非遥不可及。绝大多数企业家、创业者，对客户的研究远远不够，对客户隐性需求的关注也远远不够。通常，企业家、创业者习惯于关注竞争对手，或者执着于个人喜好。

一个有洞察力、有创新精神的企业家或创业者应善于挖掘目标客户的“杀手级”隐性核心需求，这是创新的原点，

也是实现“与众大不同”的关键所在，更是卓越商业模式的源泉。

企业家、创业者应该将 99% 的时间用来研究客户，1% 的时间用来研究竞争对手；应该将 90% 的时间用于研究客户需求，将 10% 的时间用于产品开发。

商业模式创新实践

元气森林，找到目标客户“杀手级”隐性核心需求

元气森林就是依靠对目标客户“杀手级”隐性核心需求的创造性探索，实现了中国本土创业公司对众多国际饮料巨头的逆袭。

元气森林的核心客户群是一二线城市的年轻女性用户群，这个群体是一个巨大的矛盾群体，畏糖如虎，却又极度爱甜。

针对核心客户群的独特需求，元气森林通过赤藓糖醇，打造了“0 蔗糖 0 脂肪 0 卡路里”的超级卖点，解决

了中国“Z世代”[①]消费者“怕胖”的痛点，通过快速的数据反馈对产品进行调整、迭代，逐步成长为中国新消费品牌领头羊。

据报道，2021年，元气森林营收高达80亿元，估值超过百亿美元。

80%的创新来源于客户与合作伙伴，商业模式的创新也是如此。企业家、创业者往往急迫地想建立独特的创新商业模式，都对竞争对手的经营策略非常关心，但他们恰恰忽略了商业模式中最重要的一环：精准客户定位与杀手级隐性核心需求。这个环节是整个商业模式的基础，对相当多的企业来说，这甚至会占用整个商业模式设计过程中80%的时间。

好的开始是成功的一半，如果各位企业家创业者能够找到精准的目标客户和杀手级隐性核心需求，那么企业商业模式的系统性设计将水到渠成、顺理成章。

① Z世代通常指1995年至2009年出生的人。这一代人深受互联网、智能手机等科技产品的影响。——编者注

精准目标客户定位，就要求我们为客户画出“素描像”，即所谓的“一米宽”。当你有了一幅清晰的客户素描图像后，就可以相对低成本、快速、精准地找到目标客户。素描越准确，企业进入市场的成本越低、风险越小，收入增长速度就越快。反之亦然。

什么叫“杀手级隐性核心需求”？就是那些在行业中从未被满足、但对客户非常重要的需求，即所谓的“一百米深”。

在中国商业界，最经常听到的一个词就是“同质化竞争”，为什么企业间会频繁地陷入同质化竞争？往往是因为企业总是争相满足“相同客户的相同需求”，但其实客户需求远比想象中更为多样化、更为丰富多彩。

“不同”，比“更好”更有价值。希望更多的创业者跳出满足“相同客户的相同需求”的同质化竞争泥潭，致力于满足“不同客户的不同需求”。

第二式：系统性价值链

“系统性价值链”指企业需要找准自己在产业价值链中的定位，连接产业链上游、下游的合作伙伴、客户，通过**形成产业共同体为全产业链“降本增效”，站在产业链上空“拧毛巾”，而非陷入你死我活的价格战。**

系统性价值链好比是一个大森林、一个大的生态系统。价值链系统中的成员间应相互合作、相互协同，从而达成整体价值链效率最高、成本最低、风险最小的目标，并在价值链成员中合理而富有创造性地分配利润、风险和成本。

企业应该力争成为产业链中的高价值环节，产业链中的低价值环节或者只能艰难地生存，或者将被逐步淘汰或边缘化。

在全球化时代，当企业家或创业者在思考与分析企业所处产业链价值环节的位置和定位时，务必要从全球化视角进行思考。

链主或平台型企业将更具有长期价值和资本市场价值。

盛景嘉成母基金投资组合所覆盖的企业“贝壳找房”创立28个月就登陆美股。

商业模式创新实践

贝壳找房，“连接”让价值自然涌现

贝壳找房起源于地产经纪巨头“链家”。

2004年，我国房地产市场正处于高速发展的初期，二手房交易规范缺乏，买卖双方信息极度不对称，“吃差价”成为当时的普遍做法。于是，链家以“不吃差价”颠覆房地产经纪产业，在全产业经历多轮洗牌后，稳扎稳打获取了越来越多的市场份额。

随着互联网的兴起，互联网平台上海量的虚假房源成为行业桎梏，二手房购买体验极差，为此，链家打造真房源系统，将一套房子的真实信息划分为超过400个字段，并以此为标准打造数字化基础设施，率先解决了行业内虚假房源横行的弊病。

在解决了两大行业弊病后，链家意识到，二手房交易流程复杂且耗时，经纪人不仅需要寻找真实房源，还需要寻找客源，并且最终促成交易，这样才可以获得佣

金；反之，所有努力都会化为泡影。同时，房源方和需求方很可能不在同一个经纪门店手里，错配的信息极大影响行业效率。

为此，链家打造了贝壳找房平台，将真房源的基础设施开放出来，和其他经纪品牌合作，极大改善了信息错配的问题。

同时，贝壳找房创造性地打造了“经纪人合作网络体系”（Agent Cooperation Network，ACN），鼓励经纪人跨门店、跨经纪品牌、跨区域合作。这套模式将整个房屋交易服务链条细化为 10 个步骤，根据经纪人在各个环节的贡献率进行佣金的分配，并不要求每个经纪人都成为能完成全流程的“经纪人超人”，每个人都可以从自己的贡献中获得佣金。

2022 年报显示，贝壳重构了平台商机的分配机制，新的商机分配基于门店业绩积分，经纪人被匹配到熟悉房源的比例提升了 10%，经纪人作业更聚焦，为了获取商机做的无效动作大幅减少，客户也获得了更专业的服务。

在这个过程中，贝壳找房团结了所有可以团结的力量，重构系统价值链。贝壳找房的招股说明书显示，跨品牌的成交率达到 30%，跨店成交率达到 70%。2019

年，“贝壳平台”所产生的 GTV[①] 中，已有 53.1% 来自链家以外的 200 多个品牌。

于是，越来越多的中介机构愿意把房源、客源、经纪人资源放在昔日竞争对手的平台上，“连接”所产生的价值越来越大。贝壳找房既是房地产经纪行业的颠覆者，更成为房地产经纪行业的数字化基础设施。

贝壳找房 2022 年财报显示，它已经打造了一个连接 4.1 万家门店、超过 39 万经纪人的超级网络，2022 年总交易额为 2.61 万亿元，营收 607 亿元，经调整净利润为 28.4 亿元，从 GTV 来看，它已经成为中国前五大数字经济体。

第三式：收入倍增、盈利倍增

只有在找到精准客户定位，找出“杀手级”隐性核心需求，并找到系统性价值链中独特的定位之后，企业家、创业者才有资格讨论“收入倍增、盈利倍增”。

---

① GTV 即“总交易额”（Gross Transaction Value）。——编者注

这一式希望企业家、创业者深入思考，如何获得10倍于传统模式的超额利润，并且可持续10年获利成长，也就是找到获得长期高额利润的方法。取法于上，仅得为中；取法于中，故为其下。企业家和创业者要敢于在“沙盘推演”时制订高标准，从而激发创造性思考。

不仅如此，商业模式中的收入倍增模式还将为竞争对手树立高竞争门槛。这种模式不仅意味着企业自身能获得长期高额利润，而且往往意味着成功地阻碍了竞争对手的恶性竞争。

为了实现第三式，企业必须调整产品或服务的结构性组合，形成“流量型产品或服务”和“利润型产品或服务”的经典组合：前者解决企业如何获得客户的效率与成本问题，后者解决企业在获得客户后如何获得长期高额利润的问题，两者之间务必形成良好的“钩”与“饵”的咬合关系。

以社交巨头腾讯为例，它推出的QQ、微信就是流量型产品，通过让用户免费使用，聚集海量流量，然后通过游戏、广告、金融等业务获得高额利润。腾讯2022年财报显示，仅微信和 WeChat 的月活用户量就达到 13.13 亿，营收则达到 5 546 亿元，毛利润达到 2 388 亿元，归母净利润更达到了惊人的 1 882 亿元。

盛景的培训、咨询等流量入口型业务通过收取固定服务费，获取了投资标的和出资人，再通过所管理的基金对企业进行投资，待企业成功上市后，获得高额业绩奖励报酬。这是一种收益更为丰厚的变动服务费。培训咨询业务属于“流量入口型业务”，投资管理服务则属于“利润型业务”，两者之间的连接和转化产生了化学反应，它们的高效融合诞生了全新的“物种”。盛景也因此逐步成长为中国科技服务业的引领者。

同时，企业更要关注如何与客户形成长期的深度连接，坚决追求“一生一世”的持续合作，全力减少“一生一次”的短暂交易。**在获客成本不可逆转的增长背景下，无论是 2C、2B 还是 2G 的企业，“复购”往往重于一切。**

亚马逊是 2C 企业的经典案例：通过付费会员体系 Prime，亚马逊为美国订阅用户带来了 2 日内送达的物流体验，解决了电商早期时代物流供给通常超过 2 周的用户痛点。

此后，亚马逊通过 Prime 会员服务与客户建立了长期深度连接。在这个连接过程中，亚马逊不仅提供了高品质、高效率的购物体验，还免费向订阅者提供云存储、云音乐、视频服务等，将用户牢牢锁定在亚马逊的生态中。数据显示，2022 年 2 月，42% 的亚马逊 Prime 会员月订单量为 2 ～ 4 单，36% 的会员月订单量达 5 ～ 10 单，远超过非 Prime 会员，而从金额看，Prime 会员年度消费 1 400 美元，非会员仅为 600 美元。

2B 端的经典案例就是 A+H 股上市公司药明康德，它在 A 股市值接近 2 500 亿元。

药明康德 2022 年报显示，公司营收达到 394 亿元（同比增长 72%），其中原有客户贡献营收 378 亿元，同比增长 77%，占公司全年营收的 96%（同比增长 3 个百分点）。同时，药明康德的全流程、一体化研发服务平台模式有助于实现药物研发与生产各阶段的无缝衔接：使用公司多个业务部门服务的客户贡献收入人民币 367.36 亿元，同比增长 87%。

得益于公司独特的 CRDMO 和 CTDMO 业务模式以及

全球“长尾客户”战略，客户渗透率继续提高，来自全球前 20 大制药企业收入 184.21 亿元，同比增长 174%；来自全球其他客户收入 209.34 亿元，同比增长 30%。这种与客户间的高黏性是药明康德持续增长的内在逻辑。

第四式：革命性降低成本

第三式强调革命性、创造性地“开源”，第四式则强调革命性、创造性地“节流”。

对于企业来说，将成本从 100 元降至 90 元，往往需要通过流程优化、效率提升等手段来实现，这是企业的必修课。革命性地降低成本则需要通过商业模式的顶层设计来实现，通过顶层设计将某些重要成本从 100 元降至 30 元，甚至 0 元。

企业革命性降低成本的第一种方法是做好“除法”，即直接砍掉企业某些没有必要的高额成本。

商业模式创新实践

爱彼迎：革命性降低成本的典范

民宿共享巨头爱彼迎（AirBnb），它不建造或拥有一间酒店或客房，而是在房东和旅行者之间搭建了一个互联网平台，成为世界上第一家没有自己客房的酒店平台，直接砍掉了客房建设、客房服务等重资产业务，革命性地做了“除法”，摆脱了需要重资产经营、成为下一个酒店的桎梏，彻底突破了传统酒店行业的资金瓶颈。

爱彼迎 2022 年财报显示，即使在新冠疫情的影响下，爱彼迎平台的房间总预订量 3.94 亿间，预定总金额为 632 亿美元，平均每个房间的价格约为 160 美元。2022 年实现营收 84 亿美元，净利润 19 亿美元。爱彼迎市值最高峰曾达到约 1 300 亿美元，甚至相当于万豪集团、希尔顿集团两家传统酒店巨头市值的总和。

国内的分众传媒也通过做“除法”推翻了人们的传统认知——媒体都要有内容，进而成为国内第一家没有内容的媒体，或者叫“纯广告平台”。分众传媒革命性地消除了制作、购买、播放“内容”的成本，而且因为它将每一秒钟都用来播放广告，所以创造收入的时间也得到了革命性的提升。分众传媒 2021 年财报显示，其营收为 148.36 亿元，毛利率为 67.53%，是传统广告代理商毛利率的 5 倍以上，净利率更是达到了 41.19%。

革命性降低成本的第二种方法是“众包”，实现“用户共创”。

让有创意的用户“用爱发电”，可以革命性降低企业成本。从早期的微博到现在的抖音、快手、小红书，再到中国“Z 世代”的港湾哔哩哔哩、美国“00 后”的港湾 Roblox，它们都通过激发用户创意的方式，打造了卓越的商业模式，成为资本市场中备受瞩目的优秀企业。

苹果生态系统下的应用软件商店 App Store 是一个经典的众包案例。2021 年，App Store 营收达到 851 亿美元，同比增长 17.7%。目前，App Store 中总计约有 500 万款应用程序。这背后是超过 3 000 万位开发者的默默耕耘。就算按照每位开发者每年平均 1 万美元的人工成本计算，App Store 对应的人工成本每年就会超过数千亿美元，是任何一家企业都无法承担的巨额成本。而苹果的 App Store 却通过众包模式创造性地将开发者成本降至 0 元，仅需要将应用程序收入的 70% 支付给开发者即可，苹果公司则几乎无须支付额外的成本，即可坐享 30% 的收入分成。丰富多彩、高品质的约 500 万款应用程序，也是用户购买苹果手机的重要原因，而苹果为此无须支出任何额外的固定开发成本，这就是苹果商业模式的精妙之处。

第五式：自我可复制

当企业进行了革命性、创造性的开源节流之后，就要考虑如何快速规模化发展，实现企业预期的收入和利润。

任何一家企业、任何一种商业模式都会遇到扩张的瓶颈，所以不能等到你已经遇到了再去突破，那将非常困难。未雨绸缪，治“未病”，应该在商业模式设计阶段预计企业在未来可能会遇到怎样的瓶颈，然后通过商业模式设计和规划提前突破未来潜在的瓶颈。

第五式“自我可复制”指企业在突破人才瓶颈、资金瓶颈、管理瓶颈等众多潜在瓶颈后才可能实现规模化增长。

商业模式创新实践

爱尔眼科，做对三件事，实现“自我可复制”

爱尔眼科医院集团股份有限公司于2003年成立，2009年在深交所上市。爱尔眼科主要从事各类眼科疾病诊疗、手术服务与医学验光配镜。目前公司在全球范围内开设眼科医院及中心达723家，其中中国内地610家、中国香港7家、美国1家、欧洲93家、东南亚12家。

作为眼科龙头，爱尔眼科通过建立一套“自我可复制”的体系，将早期在湖南湖北地区的成功经验和盈利能力辐射到全国，市值达到2 000亿。

在广阔的市场空间中，爱尔眼科主要做了三件事：第一是通过并购基金苗圃模式加快扩张速度，高度确定性地快速抢占市场；第二是通过合伙人计划，绑定核心人才，摆脱人才瓶颈的同时，充分激发了人才的积极性；第三是实现了医疗流程标准化、专业化。

从加速扩张角度看，爱尔眼科以并购基金在体外投资眼科医院并进行孵化培育，在医院盈利达到一定水平后再分批注入上市公司。自 2014 年启动并购基金模式以来，公司扩张速度大大加快，体内外医院数量快速爬坡，上市公司营收、利润增长的确定性极强。

在人才方面，爱尔眼科通过合伙人计划，绑定了核心人才，充分激发了人才的积极性：2014 年 4 月，爱尔眼科实施合伙人计划，实施对象为新建、并购、扩建的医院，由激励对象成立合伙企业参股新建医院，合伙企业经营期限一般为 3 ～ 5 年，期满后上市公司以股权或现金的形式收购其持有的股份。合伙人计划和股权激励使核心人才和重要员工与公司利益高度一致，极大地激发员工工作动能，推动公司业绩快速持续增长。

此外，在爱尔眼科高速自我复制的过程中，“标准化”贯穿始终。医疗服务连锁经营模式的三大关键能力：基础单元运营能力、连锁复制能力和管理输出能力。爱尔眼科坚持将新建或者收购获得的新医院进行标准化建设，让新进入体内的医院更快地融入公司整体架构中。爱尔眼科新医院标准化建设的四大行为：选址标准化、人员配置标准化、设备配置标准化和营销工作标准化。

并购基金加速扩张、合伙人计划绑定人才，标准化流程贯穿始终，这三大行动计划帮助爱尔眼科摆脱资金瓶颈、人才瓶颈，快速发展，成为资本市场的“眼科茅台”。

第六式：控制力与定价权

商业模式六式的最后一式为“控制力与定价权”，这是企业能否长期、持久获得高利润的核心。借用巴菲特的观点“企业务必要构筑企业经营的‘护城河’”，这往往是资本市场最为关注的企业特质。因为凡是拥有了不易被复制的能力的企业，便拥有了较高的竞争门槛，因此也就拥有了定价权。企业拥有了定价权才可能获得长期可持续的高利润。

这种不易被复制的核心资源可以是一种独特的能力、一种高新技术、一种稀缺的原材料、一种独特的受保护优势，也可以是庞大的客户群体、网络效应。但不管怎样，你只要能够掌控竞争对手没有的独特的核心资源，那么你通常也就掌握了话语权与定价权。

商业模式创新实践

高通：手握海量知识产权的大赢家

在美国，通信巨头高通凭借拥有海量的 4G/5G 领域的知识产权，成为苹果、三星、华为等手机巨头背后的大赢家。财报显示，高通 2022 财年实现营收 442 亿美元，毛利率为 57.8%，净利率达到惊人的 29.3%。高通的市值最高峰超过 2 000 亿美元。

这一切得益于高通在研发方面的投入常年维持在营收的 20% 左右：1998 年至 2021 年，高通在 2G、3G、4G 和 5G 领域的专利数量达到 65 753 件，其中在 5G 领域获得的专利数量占整个领域专利总量的 11.24%。

除了可以在 5G 和芯片领域看到高通的身影以外，在电池、卫星定位、蜂窝调制解调器、处理器、Wi-Fi、汽车、摄像头、自动驾驶、智慧城市、智能家居、XR/VR/AR 等各个领域，也都能看到高通的身影。

对高通来说，这不仅仅意味着将自己的创新成果应用于海量领域，是一种自我可复制的手段，更重要的是，高通可以通过与终端品牌的紧密合作，实现商业共赢。高通庞大的专利池和持续的巨额研发投入，使得各大终端品牌必须使用高通的技术与产品。高通由此掌握了强大的话语权与定价权。

在中国，片仔癀是老字号中掌握了控制力和定价权的代表性企业。

“片仔癀”作为国宝级的名贵中药，有着极其深厚的文化底蕴，深入人心。片仔癀的传统制作技艺被列入国家非物质文化遗产名录，并成为我国首批中药一级保护品种，其工艺和配方更是经过国家批准的独有专利，属于国家级的“双绝密”。因此，这家与中药同名的企业相当于获得了国家发放的一张永久性的特许使用权牌照。放眼全国，在同领域中仅此一家，其他企业不可模仿也不可复制，片仔癀因此拥有了无可比拟的“类垄断”优势。

在 2021 胡润品牌榜上，片仔癀蝉联最具价值医疗健康品牌首位，品牌价值高达 510 亿元。自 2003 年上市以来，片仔癀的股价表现亮眼，市值最高达到约 3 000 亿元，在中药股里稳坐头把交椅。

企业间竞争是商业模式之间的竞争

管理学大师彼得·德鲁克曾说："今天，企业间的竞争已经不是产品之间的竞争，而是商业模式之间的竞争。"商业模式是企业经营的原点，再好的技术、再好的产品、再好的品牌，如果没有好的商业模式指引和护航，企业经营也将一事无成。

中国企业的"低成本价格战时代"已经终结，依靠关系型销售系统的企业也将难以持续发展，企业间的竞争正在不可逆转地进入商业模式层面的高阶竞争。

商业模式是企业经营的原点，是大企业迅速衰败的首因，是小企业迅速反超的拐点。风险投资家寻找下一个行业颠覆者，对"未来"下注，这个"未来"就依托于"优秀团队"和"优秀商业模式"的组合。

当下，中国企业正处于K型分化时代，由于房地产市场在过去20年的畸形繁荣挤占了实体经济的发展空间，因此融资难、融资贵的现象仍普遍困扰着中小企业。全球科技博弈给中国经济发展带来了巨大的不确定性，但也使中国硬科技企业、专精特新企业迎来了历史性的发展机遇。新能源企业和碳中和企业则迅速成为中国产业跃迁的最大赢家，预计 10 年内，新能源和碳中和将取代房地产行业，成为中国经济的核心支柱产业。

中国企业长期面临着较为普遍的产能过剩和价格战，国内消费者的高质量、个性化的需求仍然没有得到有效满足。与此同时，互联网的发展使得中国企业可以跨过层层经销渠道，面向全球市场与客户直接互动。这极大拓展了中国企业的市场边界。中国企业正在迈向 DTC 的全球化 2.0 新时代。

显然，这是一个“危”与“机”并存的时代。实体经济要生存发展，就必须向新经济转型升级。那么，中小企业如何自救自强，如何将命运掌握在自己手中？

创新是中国企业生存发展的唯一路径——或者自己创新，或者投资创新，或者服务创新，不创新才是企业将面临的最大危机。

商业模式创新是企业转型升级的顶层设计，企业家、创业者千万不要用战术层面的勤奋掩盖顶层设计层面的懒惰。

所以，企业应该创造“与众大不同”的客户价值，切入高价值环节并形成价值链系统性统筹，设计独特的盈利模式或成本模型，颠覆行业传统规则。同时，企业应突破扩张瓶颈，实现自我可复制，最终掌控核心资源，建立高竞争门槛和壁垒，共同打造或融入生态体系。这是盛景研究院对商业模式的详尽定义与解读，更是创新创业的“第一性原理”与顶层方法论。

商业创新方法论

盛景“商业模式六式”

- 第一式：精准客户定位，“杀手级”隐性核心需求
- 第二式：系统性价值链
- 第三式：收入倍增、盈利倍增
- 第四式：革命性降低成本
- 第五式：自我可复制
- 第六式：控制力与定价权

THE PARADOX OF CHANGE

06

盛景极简战略：简单的力量

企业家、创业者要善于把复杂问题简单化，而不要把简单问题复杂化。

近年来，中国乃至全球宏观经济形势多变，中小企业经营普遍受到较大冲击。但是作为企业家、创业者，首先必须立足于自强，自强则万强。

中小企业能够驾驭并实施的战略，一定是极简战略：高度结构化、可视化，作为企业经营的“抓手”或“决策标准”，高效形成横向跨部门、纵向跨层级的协同一致。

简单，必将产生巨大的力量。企业家、创业者要善于把复杂问题简单化，而不要把简单问题复杂化。

复杂战略是大企业的专利，但其实大企业的每一家子公司、事业部往往也是一家中小企业，所以，大企业的每一家子公司、事业部也应该使用极简战略。

中小企业在自强发展的过程中，现金流永远是企业首要的决策标准和战略指南，其重要性远远大于收入、利润和资产。只有以现金流健康安全为前提制定企业战略，才能抓住中小企业经营的本质，也才能在企业各部门、各层级快速形成战略共识，高效推进战略的执行。

极简战略选择以现金流健康发展作为制定战略的起点和决策原则。

当企业家、创业者在组织团队内部进行战略研讨时，一定会面临争论不休或者纠结迷惑的情况，这时，现金流的健康发展就要成为制定极简战略的决策原则。

现金流的“加减乘除模型”

企业需要以现金流为指南重构企业战略，重构企业的产品、销售、运维体系。

在经济下行期或动荡期，中小企业保持现金流健康发展的方法应是：极度警觉但不恐慌、系统性应对和团队共同行动。图 6-1 中的可视化框架，即现金流的“加减乘除模型”可以帮助企业家、创业者、高管团队对现金流管理形成更为结构化的思维。

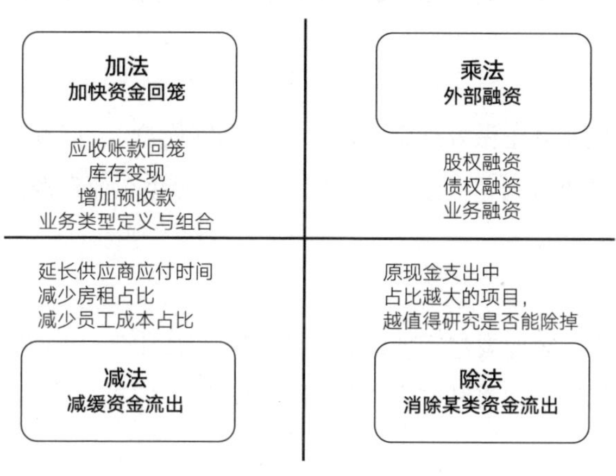

图 6-1　现金流的“加减乘除模型”

资料来源：盛景研究院。

现金流的“加减乘除模型”可以让企业各个部门、各个层级的各项重要工作结构化、可视化，让董事长、总裁、高管、财务部门、业务部门等各部门、各层级员工清楚地知道自己的职能、贡献、责任等。这样做有利于公司上下齐心解决现金流难题，高效统筹长期战略和短期战术，指导企业高效制定极简战略，快速达成战略共识并坚定执行。

中小企业自强的灵魂拷问，消灭“错配”

想要真正做好现金流的“加减乘除模型”，必须在战略层面坚决做到“极致聚焦战略”，有效避免企业资源的浪费和错配。

中小企业要想实现极致聚焦战略，需要进一步回答 4 个灵魂拷问，我将其称为“盛景极简战略”。它也被戏称为“盛景天问”。

盛景极简战略非常重要，它既能帮助中小企业完成当下的自救与自强，也能指导它们制定未来的可持续发展战略。

“盛景天问”包括如下 4 个问题：

- 企业的核心客户是谁？在新形势下会发生变化吗？

- 核心客户的核心需求是什么？在新形势下会发生变化吗？
- 满足核心客户核心需求的核心产品是什么？在新形势下会发生变化吗？
- 核心产品的核心销售系统是什么？在新形势下会发生变化吗？

针对以上 4 个问题，企业家和创业者要清晰、准确地做出回答。然而，很多企业家和创业者对这 4 个关键问题的理解非常模糊。

这 4 个问题是递进的关系，如果前一个问题答不上来，那么对下一个问题的回答本身就要打上一个大大的问号了。

第一个问题：企业的核心客户是谁？在新形势下会发生变化吗？

这个问题，我问过很多创业者，大部分创业者在核心客户方面表述得含糊不清，甚至会马上跳到市场有多大、如何获取收入、如何盈利等，虽然市场、收入、盈利都是需要讨论的问题，但事实上对核心客户的精确定位、清晰画像才是最重要的“原点性问题”，这个关键问题如果搞不清楚，那么企业的经营风险就非常大了。

很多企业对核心客户的定位非常模糊，或者说企业非常贪婪，想要覆盖所有客户，最后累死三军也赚不到钱。为了避免出现这种常见错误，盛景方法论特别强调“一米宽”，即目标客户极致聚焦。要“一米宽”，绝不能“一百米宽”。

从实践上看，很多企业通过对自身进行清晰定位，找到了真正的核心客户，力出一孔，为核心客户提供针对性的产品、服务，进而成长为伟大的企业。

特斯拉早期的成功秘诀在于精准定位那些追求环保、注重高科技并愿意支付高价格的核心客户，以他们作为种子用户，用高品质创新性产品满足他们的核心需求，然后不断扩展到更大范围的消费群体。

因此，特斯拉当初主打高性能电动车，首发 Roadster 电动跑车。根据埃隆・马斯克的说法，特斯拉 Roadster 的性能指标“1.9 秒从 0 加速到 60 英里 / 小时，这可以打败几乎所有的高性能跑车”。这款车售价超过 10 万美元，主要面向高端人群。

千里之行始于足下，正是因为特斯拉在发展早期精准定位了核心客户群体，如今，特斯拉已经成长为全球电动车的领军企业，最高市值曾达到惊人的万亿美元。

第二个问题：核心客户的核心需求是什么？在新形势下会发生变化吗？

在新形势下，企业家和创业者可能会发现，核心客户的核心需求正在发生重大的变化。这就是盛景方法论里提到的“一百米深”问题。对核心客户核心需求的洞察，切勿停留在“一米深”的浅层次，务必要按照“一米宽、一百米深”的原则真正聚焦核心客户的核心需求。

比如，在美国零售行业，达乐（Dollar General）是不可忽视的一家企业，与传统沃尔玛、Costco 等超级零售巨头相比，达乐聚焦于小镇消费者，2022 年它在全美有 18 190 家门店，这些门店 75% 位于 2 万人口以下的小镇，因为这里的消费者收入相对较低、数量相对较少、地理位置相对偏远，导致大型零售商（如沃尔玛）服务不到他们。

因为收入相对较低，这些消费者可能并没有车，没法去沃尔玛等进行采购，也就没法一次采购大量商品，因此他们更多是根据日常需求采购相对廉价的商品。针对这种核心需求，达乐就在小镇中开出平均 700 平米的小型门店，销售超过 10 000 种 SKU，满足消费者的日常所需。从价格方面，达乐目前依然有 20% 的商品价格在 1 美元及以下，满足这群消费者即时购买和小额购买的核心诉求。

这样一家售卖低价商品的美国连锁企业，市值约 500 亿美元，2022 年营业收入达到 378 亿美元，无疑是满足核心客户的核心需求的一个成功案例。

第三个问题：满足核心客户核心需求的核心产品是什么？在新形势下会发生变化吗？

在现实中，相当多的企业并没有明确定位核心产品或者核心产品并没有满足核心客户的核心需求，可能满足的是核心客户的非核心需求。结果，创业者使出浑身解数，企业也无法发展壮大。更可怕的是，企业的核心产品满足的却是非核心客户的需求。这是什么？是“错配”！

中小企业必须有核心产品、爆款产品才能得到发展，而且必须评估它们是否有效满足了核心客户的核心需求。同时，核心客户的核心需求往往是动态发展的，这让这个问题更难以回答。

作为全球领先的运动鞋、服装品牌之一，耐克致力于为消费者提供高性能、创新性和时尚感的产品。通过深入了解消费者的需求和行为，耐克公司找到了满足核心客户核心需求的核心产品——气垫运动鞋。

气垫鞋底技术是美国国家航空航天局（NASA）前航天工程师弗兰克·鲁迪（Frank Rudy）在70年代后期提出的，当时他找了阿迪达斯、匡威、锐步等运动品牌巨头，但是都被拒绝了，反而是当时创立没几年的新品牌耐克相中了气垫鞋底技术。

耐克在AIR气垫上的研发决心非常坚定，于1978年第一次在跑鞋上使用了该技术，1980年注册专利，同年推出外露气垫的篮球鞋，而后很快更新换代设计出众多气垫样式，开始应用在各种鞋款里。之后，耐克押宝签约篮球巨星迈克尔·乔丹，1984 年推出 Air Jordan 系列气垫运动鞋。

耐克公司在 2022 年总营收超 467 亿美元，其中 Jordan Brand 营收 51 亿美元。在过去五个财年里，Jordan Brand 的总收入达到 194 亿美元。Forbes 估计，如果将 Air Jordan 系列品牌单独上市，其市值有望高达 100 亿美元。

气垫技术被耐克垄断，这是耐克实现腾飞和超越的最大技术功臣。通过不断改进气垫鞋底技术，并将其应用于各种运动鞋款式中，耐克公司以气垫运动鞋这一核心产品成功地满足了核心客户（即健身爱好者和专业运动员）的核心需求，并在市场上赢得了广泛认可和忠实客户群体。

再来看第四个问题：核心产品的核心销售系统是什么？在新形势下会发生变化吗？

核心产品的核心销售系统是大客户销售还是渠道销售？是顾问型销售还是交易型销售？是线上销售、线下销售还是混合销售？这些问题都要准确回答，而难度在于这一切也都在不断变化——流量来源在变，流量成本在变，无论 2C 还是 2B 都在发生巨大的变化。

母婴行业连锁品牌孩子王（301078）的核心销售系统非常独特。一方面，孩子王选择在大型商圈开设超级大店，以商圈中家庭人群为客户，店内既销售母婴商品，同时也开展各类母婴活动、提供各类服务。截至 2022 年上半年，孩子王共有直营门店 500 家，平均单店面积约 2 500 平米，店均销售额 777 万元，每家门店每年开展约 1 000 场次活动，让母婴顾问们可以和消费者进行深度接触，为深耕“单客经济”打下良好基础。

另一方面，在传统的线上电商、线下门店销售以外，孩子王重点打造人性化服务，创立独特的“育儿顾问”模式服务顾客，将销售与客户之间简单的买卖关系升级为专家顾问与粉丝的紧密关系。

孩子王的母婴顾问通过私域和年轻妈妈建立连接，帮助她们解决各式各样的问题，可能是产品使用问题、育婴问题，甚至还会帮助年轻妈妈调节婆媳问题，通过私域和年轻妈妈们建立深度的信任，让年轻妈妈成为深度会员。公司财报显示，截至 2022 年上半年，孩子王会员总数 5 300 万人，其中最近一年的活跃用户近 1 000 万人，会员贡献收入占公司全部母婴商品销售收入的 96% 以上。

瑞幸咖啡的“天问”

瑞幸咖啡在财务造假事件后的逆袭是经典的“反败为胜”的商业案例，在债务缠身、官司缠身的特殊背景下，瑞幸咖啡迅速更换核心团队，通过极致聚焦实现逆势翻盘。

在疫情挑战之下，瑞幸咖啡 2022 财年全年总净营收 132.93 亿元，同比增长 66.9%，净利润 4.88 亿元。公司全年净新开门店超过 2 100 家，截至 2022 年底，瑞幸在国内拥有超 8 200 家门店。瑞幸咖啡正在全面超越星巴克中国。

瑞幸咖啡的核心客户是谁

瑞幸咖啡从诞生的第一天就对标全球咖啡标杆企业星巴克，但在核心客户群定位上，瑞幸咖啡却是大胆地另辟蹊径。

星巴克的核心客户更偏中产阶级、白领、商旅人士，有着更高的综合消费能力，是星巴克培养出来的、中国第一代重度咖啡消费者，年龄主要集中在 25 岁至 39 岁。

瑞幸咖啡在某种意义上和星巴克做了切割，将核心客户定位为咖啡喝得较少、难以负担高价咖啡的年轻用户，其年龄主要集中在 29 岁以下，主要是学生群体和初入职场人群。

第三方监测数据显示，瑞幸约有 46% 的写字楼门店，13% 的学校门店；而星巴克的门店点位更多布局于购物场所，占比 42%，学校点位占比仅 1%。疫情期间，机场、车站、商场里的咖啡店基本无人问津，而瑞幸咖啡结合其核心客户分布特点，把门店布局在大学、办公楼宇附近，形成了在目标消费者身边的便捷消费场景。

瑞幸咖啡核心客户的核心需求是什么

第一点就是“好喝”。

早期不少消费者批评瑞幸咖啡很难喝，事实上是因为这批用户主要是星巴克的深度用户，早已习惯了星巴克咖啡的口味。瑞幸咖啡的目标客户其实是咖啡新人群，主要是学生群体和初入职场人群，这个用户群体之前较少喝星巴克，还没有形成“星巴克口味依赖”。

“从小抓起”，面向学生群体和初入职场白领等咖啡新人群，瑞幸咖啡全力抢夺咖啡新用户群体的“第一杯咖啡”，向自己的核心客群普及了瑞幸特色的咖啡口味，进而持续在咖啡豆、工艺等方面进行迭代创新，让更多目标消费者喜欢上瑞幸咖啡。

因此，瑞幸咖啡从自身的核心目标客户群体角度出发，对“好喝”进行了全新的定义，是中国视角下面向新一代用户的特色口味教育。伴随着学生群体和初入职场人群年龄的增长和消费能力的提升，这批习惯了瑞幸咖啡口味的消费者普遍认为瑞幸咖啡是“好喝”的咖啡。

其次是“高性价比”。

相较于星巴克强调的第三空间，瑞幸咖啡直接消除掉了第三空间，对经营成本做了革命性地“除法”：一杯星巴克咖啡 50% 的成本是第三空间成本，砍掉该重要成本之后，瑞幸咖啡售价平均仅约 16 元，只是星巴克咖啡的一半，这对高频消费咖啡的年轻用户极具吸引力。

在瑞幸咖啡成立之初，也进行了门店店型的 MVP 测试，开出了三类门店，第一类门店就跟星巴克一样，大店，有第三空间；第二类门店是中小店；第三类门店就是更小的快取店。财务造假事件曝光后，瑞幸咖啡旗帜鲜明地砍掉大店，抛弃第三空间路线，聚焦 20 ～ 50 平米的小店。

最后就是“方便”。

外卖虽然减少了消费者对第三空间的需求，但是外卖最大成本是最后一公里的配送。所以，瑞幸咖啡内部有一个非常重要的“北极星指标”——自提率。自提能够减少最后一公里配送的物流成本，因此瑞幸咖啡所有的策略都会导向用户到门店自提。瑞幸咖啡密集地围绕学校或者办公区开店，自提很方便，做到了革命性地降低配送成本。

为了推广自提方式，瑞幸咖啡还通过 APP、小程序实现共同下单模式，一个办公室的同事可以分别下单，累计为一个更大订单，然后进行自提，既提升了自提的意愿度（一种是“一次只提自己的一杯咖啡”，另一种是“帮助同事，一下提走多杯咖啡”），也提升了客单价（大量同事共同下单后，可能会产生更高的商品连带率）。

瑞幸咖啡满足核心客户核心需求的核心产品是什么

瑞幸咖啡的核心产品线是奶咖系列。对于不常喝咖啡的用户，一开始很难接受喝美式咖啡；而对于加了奶的咖啡，中国的咖啡新人群适应和接受程度则显著更高。研究显示，所有的咖啡系列中在中国卖得最好的是拿铁，在咖啡馆的销售占比可以达到 80%。所以瑞幸咖啡明确了“大拿铁战略”，爆款产品则层出不穷。

比如，瑞幸咖啡和椰树椰汁合作的“椰云拿铁”在首发当日就实现了单店超过 130 杯销量，1 天时间总销售量超过 66 万杯，在 2022 年二季度，其销售量超过 2 400 万杯。

2023 年 4 月，瑞幸咖啡最新推出的“冰吸生椰拿铁”在推出首周就实现 666 万杯销量，7 天时间带来 2.4 亿元销售额。

同时，成功企业提供的从来都不仅仅是商品本身，而是围绕商品打造“完整产品体验”。瑞幸咖啡在围绕拿铁打造符合中国消费者口味喜好的爆品的同时，将高性价比、方便等作为“完整产品体验”的重要组成部分。

在核心客户眼中，瑞幸咖啡不仅“好喝”，而且仅仅只需要星巴克咖啡一半的价格，就在身边的门店自提也非常便利，这些“完整产品体验”形成了瑞幸咖啡巨大的竞争优势，实现了独特的价值主张，充分地满足了核心客户的核心需求：好喝、高性价比、方便。

其实在此之前，瑞幸咖啡在产品方面也一度迷失。瑞幸刚起步不久，喜茶就迅速崛起，受到年轻人的追捧。瑞幸咖啡因此也一度觉得应大力发展茶饮系列产品，推出了“小鹿茶”品牌，但做得不温不火。因此，在财务风波之后，瑞幸咖啡直接砍掉了小鹿茶，提出“重新聚焦咖啡主业”的内部口号，这样才有了今天我们所看到的一系列爆款的推出。

相对来说，星巴克在推出星冰乐后，基本上就没有新的爆款了。星巴克每年在中国研发的新产品有 30 多款，但是瑞幸咖啡超过 100 款新产品。做消费品研发，一方面可以通过大数据测试做各种配方研发，另一方面也要讲究天时地利人和，需要“漏斗率”。新品量不够，漏斗率不够，爆款浮出水面的概率就低。

瑞幸咖啡采用了典型的产品领先战略，所有的产品研发都是基于数字化，一方面，利用数字化能够实现口味的追踪，量化到口味到底有多酸有多甜，对应的原材料应该是怎样的量化配比，用量化方式追踪饮品的流行趋势。另一方面，用户的点单偏好会形成每一个产品的爆款指数。厚乳拿铁、生椰拿铁、椰云拿铁，都是瑞幸爆款指数里面所漏斗出的爆款产品。

瑞幸咖啡用数据指导产品从研发到上市的全过程。上市之前，先进行局部测试，测试情况不理想就直接下架了，测试情况良好，就开始大规模投产，基于数据驱动的新产品研发和推广，极大地降低了产品研发的风险和资本的浪费。

在产品研发方面，快速地推出一个好产品并不重要，更重要的是建立快速推出爆款产品的机制。瑞幸咖啡通过全数据链进行新品推出，所有的数据又返回来指导下一轮的产品研发。瑞幸咖啡以数据化、高迭代、体系化的新品研发构建核心竞争力，通过各种原料和口味的数据化追踪饮品的流行趋势，组成基础菜单，进一步形成产品组合。瑞幸咖啡也被称为“数据咖啡”。

瑞幸咖啡核心产品的核心销售系统是什么

瑞幸咖啡的核心销售系统颇为值得称道，已经形成了立体化、高效而完整的销售体系。

首先是瑞幸极具特色的连锁门店系统。

由于核心消费者主要是年轻学生、白领，瑞幸咖啡在打造实体门店的时候关注高性价比、方便，选择距离核心消费者很近的非黄金点位、以小店模式密集开店，极大降低配送、提货成本的同时，其租金成本也仅占总收入的8%～10%，这种成本结构使得瑞幸咖啡可以为消费者提供极具竞争力的产品价格，也方便消费者就近自提咖啡。

其次，互联网化营销系统也是瑞幸咖啡的成功所在。这也是当下消费品领域，中国新品牌较之于世界五百强、传统

老牌品牌弯道胜出的成功要素。

瑞幸咖啡从诞生的第一天开始就带着强烈的互联网基因，它先是如火如荼地裂变营销，接下来是小程序、APP，以及非常强大的微信私域运营与营销。

据公开资料显示，截至 2022 年，瑞幸在企业微信里，已经积累了超 2 000 万用户，社群数量过万。普通客户变成社群用户之后，月消费频次、周复购、MAU 等都获得了显著提升。社群已经成为 APP、小程序之后的第三大订单来源。

瑞幸咖啡会针对每一个新加入私域的用户，赠送一张 4.8 折的优惠券，从而形成首次触达。为提升用户粘性，瑞幸的社群运营以发券为主，时间集中在早上 8:30、中午 12:00、下午 2:00 和晚上 8:00 这 4 个时段；每个周五创建社群福利日，“奖励”高频用户，培养用户持续消费的习惯；除了抽奖、返券等日常活动，瑞幸社群还进行咖啡知识科普、快闪群、视频号直播等，增强客户黏性，促进成交。最后，为应对客户的流失，瑞幸也采取私聊发券召回的方式进行沉默激活。

今天消费领域的竞争已经不是广告式的狂轰滥炸，而是“单客经营”。瑞幸咖啡可能是各个行业领域里互联网私域营销做得最到位的企业。

目前，瑞幸咖啡已经做到了极致的单客经营，每一个客户在瑞幸的系统里都有一套丰富的标签体系，标签超过1 000个，通过系统能够清晰地知道每个客户消费习惯，实现千人千面的个性化互动沟通。

通过海量个性化标签捕捉客户偏好，瑞幸咖啡生成海量自动化营销策略覆盖所有的营销场景。比如，给轻度用户发送一折优惠券，给重度用户发送五折优惠券；给轻度用户推荐拿铁，给重度用户推荐美式，等等。

由此可见，瑞幸咖啡的互联网化营销是一个完整闭环。私域群里有多个小程序合作方，一是捕捉数据，二是进行循环营销，引导分享种草，用户形成购买、分享、种草的闭环，淋漓尽致地把每一个用户的价值最大化，这就是重度互联网营销带来的“流量”与“留量”。

通过算法驱动的销售营销策略，瑞幸咖啡单店盈利能力极强，业务增长强劲，且稳定性强，对收入和业绩的可预测性高，这是资本市场非常看重的企业核心能力。

再次，直营 + 加盟体系也是瑞幸咖啡重要的核心销售系统。

在财务报表爆雷之前，瑞幸咖啡是直营体系；爆雷以后，除了砍掉了很多不必要的投入之外，瑞幸咖啡在三四线城市开始重度赋能加盟，以类产业互联网的方式扩张。瑞幸咖啡从过去的重资产开始转向轻资产扩张。

加盟体系意味着什么？在所有的生意当中一定会存在两种形态，一种是规模经济，一种是规模不经济。

什么业务类型是具有规模经济效应的？IT 系统的研发是规模经济的。虽然 IT 系统投入巨大，但一旦研发出来，增加一个客户和增加一万个客户的边际成本几乎为零。产品研发是规模经济的，一旦把产品研发出来，卖给一个客户和卖给一万个客户的研发成本都是一样的。培训体系建设也是规模经济的，比如收集了一家门店的经验与教训，把它提炼出来，再反哺给一家门店和反哺给一万家门店，其边际成本几乎为零，所以总部要学会做规模经济的事。

什么业务类型是规模不经济的？门店经营往往是规模不经济的，千店千面。管人是规模不经济的，管十个员工和管一千个员工的管理成本完全不一样，直营模式连锁企业往往管理了上万名员工，会产生很大的管理成本，管理难度几何级提高。

所以，连锁企业扩张时，应坚持做规模经济的事，把规模不经济的事交给小 b、交给加盟商合作伙伴去做。

瑞幸咖啡近年来在三四线城市从直营开始拓展加盟伙伴。加盟费方面，星巴克加盟一个店大概要 180 万元，而瑞幸加盟一个店只需要投入约 40 万元。同时，基于强大的数字化系统，瑞幸咖啡对于加盟门店店长的要求不太高，店长通过大数据平台只要进行采购，不需要拓客，不需要做复杂决策，只要拿下符合门店选址要求的店面，招到对的人，做少量的管理就可以了，这也是瑞幸咖啡能够快速扩张的重要原因。

瑞幸咖啡可能是中国最接近 7-11 产业互联网模式的中

国企业，甚至在AI和智能化的重度赋能上已经超越了7–11。虽然瑞幸咖啡的品类没有7–11那么丰富，但是咖啡品类上瘾性强、复购率高，非常适合做加盟模式。

最后一个核心销售系统就是品牌营销。

从汤唯、谷爱凌到利路修，瑞幸咖啡通过大数据发现年轻人最喜欢的明星是谁，每一个代言人都是精心遴选的，用这种方式匹配瑞幸咖啡的品牌调性，咬合年轻人说不清道不明的内心。这也使得瑞幸咖啡迅速树立了洋气的、时尚的品牌形象，获得了目标用户的喜爱。

在本篇最后，我们总结一下瑞幸咖啡的极简战略：

瑞幸咖啡核心客户是年轻白领和学生，而星巴克是有更高消费能力的中产白领和商旅人士。

瑞幸咖啡核心客户的核心需求是追求好喝、高性价比、便利的用户体验。

瑞幸咖啡围绕拿铁打造了奶咖系列核心产品线，推出了椰云拿铁、生椰拿铁等超级爆品，好喝、高性价比、便利等汇聚在一起形成了瑞幸咖啡独特的“完整产品体验”，与星巴克形成了显著产品差异。

瑞幸咖啡的核心销售系统是就在用户身边的、非黄金位置的、密集开出的近万家小店，门店端从直营走向加盟，以更多、更密集、更便捷的小型门店服务数千万目标消费者。在万家门店连锁的强大“地网”基础之上，瑞幸咖啡通过强大的互联网营销，以数据对私域社群、私域用户进行深度连接，实现“天网”、“地网”的同时覆盖，并邀请符合年轻一代个性的明星代言人进行品牌营销。

瑞幸咖啡践行极简战略，沉下心来，扎扎实实地做好一点一滴，砍掉所有不必要的与战略不匹配的干扰要素，力出一孔，才能在财务风波之后实现强劲逆袭，在中国领先于强大的星巴克，并正在走向国际化。

商业创新方法论

盛景天问：简单、巨大的力量

- 企业的核心客户是谁？在新形势下会发生变化吗？
- 核心客户的核心需求是什么？在新形势下会发生变化吗？
- 满足核心客户核心需求的核心产品是什么？在新形势下会发生变化吗？
- 核心产品的核心销售系统是什么？在新形势下会发生变化吗？

THE PARADOX OF CHANGE

07

第二曲线创新的三个关键点

"钻石"就在你家后院。善于把握机会，包括正向和负向的机会。

管理学大师查尔斯·汉迪（Charles Handy）在《第二曲线》（*The Second Curve*）一书中提出了“S形曲线”理论——公司一定会经历投入期、上行期、衰落期这样的S形曲线，任何一条增长曲线都会滑过抛物线的顶点，持续增长的秘密是在第一曲线消失之前开启第二曲线。只有这样，企业才能有足够的资源（金钱、时间和精力）承受在第二曲线投入期的挑战。

那么，如何找到第二曲线，如何让第二曲线创新的成功概率更高呢？

当我们在谈论第二曲线时，并不意味着第一曲线就要“关门歇业”。这里只是提醒企业家和创业者，第一曲线可能早晚会遇到瓶颈，所以要未雨绸缪，在天晴时修屋顶。

对企业当家人来说，当下要面对一个残酷的现实：每隔

5～8年，要做一次“革新”。这特别考验企业家的“心力”。当下，我们正面临着百年未有之大变局，按照现在社会发展、经济变迁的速度，企业创始人做“革新”的频率和力度可能会更大。

同时，企业家、创业者应特别注意：在第一曲线增长趋缓时，或者未来会遇到较大瓶颈时，务必严格控制投入，尤其是固定资产等潜在沉没成本投入。企业应把第一曲线业务定位成“现金流”业务，采用轻资产模式，减少风险，保持经营弹性，甚至择机及时出售，主动退出。

汉迪先生提出了“第二曲线创新”这一重要的创新概念，但并未就如何进行第二曲线创新展开深入阐述。本书接下来会重点介绍第二曲线创新的三个关键点：隐性资产最大化、隐性负债最小化、推翻隐性假设。

隐性资产最大化

利用企业家和创业者过去的“隐性资产”进行低成本创

新，正是企业走出迷茫，实现第二曲线创新的核心推动力。

隐性资产是指，企业家或创业者所拥有的有助于创新的某种能力、资源或成功要素，但往往被企业家或创业者所忽略。隐性资产的涵盖范围非常广，并且有多种维度和多种可能性。

对企业家、创业者来说，隐性资产就在你身边，并不遥远。你既可以把自己的隐性资产价值最大化，也可以把其他人的没有被充分利用或盘活的、闲置的隐性资产价值最大化。

“钻石”就在你家后院，但它是隐性的，所以往往会被忽视；如果别人家的后院有“钻石”，你也可以与他合作。

今天的企业家、创业者，大多不是所谓的白手起家，所以要思考：你的隐性资产有哪些？怎么把隐性资产价值最大化，充分发挥它们的作用？

客户资源、渠道、供应链优势，都是隐性资产。让我们看几个例子。

汪建国先生卖掉五星电器后，开始二次创业。因为竞业禁止等原因，他不能再涉足家用电器连锁卖场这一领域，但他利用之前做大型电器零售连锁卖场的经验，创立了孩子王品牌，在大城市的大型购物中心开设超级大店销售母婴商品。他还利用五星电器对家用电器产业的深度理解和供应链优势资源，通过在新农村赋能 20 万家夫妻老婆店的产业互联网形式，创立了汇通达。

孩子王和汇通达现在分别在 A 股和港股上市，都是市值数百亿元的企业，未来仍有很大的成长空间。

五星控股的第二曲线创新，就是利用了五星电器在电器领域的供应链资源和大型连锁能力，将自己多年积累的隐性资产最大化了。

农夫山泉也是将隐性资产价值最大化的代表。它之所以成为目前市值最高的本土消费品品牌企业，是因为它在全国拥有极为丰富的渠道资源，所以它推出的新品大概率可以取得成功。广泛而有效的渠道覆盖能力也是一个重要的隐性资产。

客户信任、人才、技术、产品、IP 等，也可能都是隐性资产。

比如，罗永浩通过多年积累的庞大粉丝群和市场声望，迅速获得了抖音的巨大流量扶持，通过抖音直播带货，将个人的隐性资产快速变现，成功上演了“真还传”，传为企业界佳话。

东方甄选直播间的成功，是因为新东方将教师人才这个隐性资产的价值最大化了，让以董宇辉为代表的新东方讲师充分展现了自己的才华和底蕴，在新东方教育遭受毁灭性打击之后，开创了“内容直播带货”的第二曲线。

链家地产通过开放真房源信息，打造贝壳找房，将自身过去 20 多年深耕得到的海量真实数据、消费者信任、行业地位等隐性资产进行再利用，以合作共享的形式整合、挖掘了自己和合作机构的所有隐性资产。最终，贝壳找房仅用 28 个月即以“房地产产业互联网”的模式在纽交所成功上市。

迪士尼挖掘自己海量的 IP 资产，在 2019 年 11 月搭建了流媒体 Disney Plus 业务，打造了“以内容库为中心建立用户群”的模式，不再让经典影片、IP 躺在服务器里“睡大觉”，而是独家分发到自己的流媒体平台上。迪士尼仅用 2 年 7 个月就获取了 1.5 亿付费订阅客户，而知名流媒体平台奈飞达到相同的客户数量，花了 12 年 5 个月。这就是隐性资产的力量。

苹果创始人乔布斯更是“变废为宝的大师”，做 iPhone 时，他使用了康宁压在仓库里几十年的金刚玻璃，做 iPod 时使用了苹果于 20 世纪 90 年代开发的“火线”（Firewire）数据传输技术。苹果并非致力于不断开发原创的革命性技术，而是致力于把隐性资产价值最大化。

隐性负债最小化

谈“资产”时，不要忘了还有“负债”。负债往往也是隐性的，甚至更容易被企业家和创业者所忽略。

创始人或高管团队往往会在不自知的状态下背上创新的

包袱和负担，面对创新或者新鲜事物，这也不行，那也不行，总是顾虑重重、心事重重，或者总是有强烈的畏难情绪和逃避心态。这就是典型的隐性负债。

隐性负债的来源多种多样，企业中各个利益相关方、各个层级的员工，包括创始人自己、高管团队或者一线员工，股东、投资人，或者是客户和渠道，都有可能背上隐性负债。

要跨过第二曲线创新的障碍，就必须把隐性负债最小化。

我们来看看“隐性负债”的几个常见来源。

第一，“当局者迷，深陷其中”可能会成为你的隐性负债。

商业模式创新实践

英特尔：站在下一任 CEO 的角度思考

1984 年的英特尔有存储器和微处理器两大业务。

存储器业务是英特尔发家的业务，但由于日本企业来势汹汹，导致英特尔的存储器业务连连亏损。而对于微处理器业务，当时的英特尔还没有足够的把握能够在未来扩大规模。为此，英特尔高管团队分歧较大，难以抉择。

这时，英特尔的创始人之一安迪·格鲁夫（Andy Grove）问出了管理学史上一个经典问题："如果我们现在被董事会踢出局，董事会找到一个新的 CEO，大家觉得新的 CEO 到了公司以后会做出什么决定？"

英特尔时任 CEO 戈登·摩尔说："这个新 CEO 会退出存储器业务。"

"为什么我们自己不做出这样的决定？为什么非要等董事会把我们踢出去，让新来的 CEO 做这样的决定呢？"

越是纠结之时，越是旁观者清、当局者迷。当局者不容易做出正确的决定，往往是因为隐性负债在作怪。

后来，英特尔关停了曾经辉煌的存储器业务，裁掉了当时公司 1/3 的员工（被裁的这 1/3 员工，都是表现非常优秀的员工）。然而，正是因为经历了这次痛苦但理性的转型，英特尔才迎来了随后的辉煌。

面对隐性负债，做出某个决策和抉择当然是痛苦的。但此时请旁观者提供关键性的建议，或者站在下一任 CEO 的角度思考“如果我不背着这些负担和包袱，用一种理性的视角或者让第三方来做决定，他会做出什么决策呢”，这是非常有帮助的思考方式。

企业家、创业者、高管通常都会背上很多负担。所以，要放空自己，放下情感负担，将隐性负债显性化、最小化，站在下一任 CEO 的视角，理性地思考和决策，真心听取第三方或外部的专业建议。

第二，对创新充满抵触的员工可能会成为你的隐性负债。

大众汽车是全球燃油车领域的绝对主导企业，但是在电动车领域一直布局缓慢，被特斯拉等后起之秀远远甩在了后面。

最近，大众汽车 CEO 被董事会驱逐，大众在电动车领域落后有两个原因：一是电动车软件的研发进度没有达到预期；二是工会的阻挠。

如果大众汽车决定制造电动车，那就代表使用更智能化的工厂，也就意味着需要更少的员工——可能要削减 3 万多个工作岗位。

对大众汽车的员工来说，他们宁愿企业业绩下滑，也不希望自己被辞退或者福利减少，所以大众汽车在从燃油车向电动车转型路上举步维艰。

所以，对创新充满抵触的员工可能会成为企业的隐性负债，致使企业陷入成功者的创新窘境。

第三，对破坏性创新无感的主流客户可能成为你的隐性负债。

美国某燃油车企业，曾经针对主流客户做了多次市场调研。结果显示，电动车非常不靠谱，无法满足燃油车主流客户的基本需求。

当时，燃油车的客户对电动车有两个基本需求：第一，续航里程要长，第二，提速要快，方便在高速入口处进行并道。这些基本需求，当时的电动车都无法满足。

燃油车企业在对现有主流客户进行了充分的调研之后，得出了一个清晰得不能再清晰的结论——放弃电动车市场。这才把电动车市场拱手让给了特斯拉、比亚迪等电动车新势力。

其实从各个方面评估，燃油车企业是最有可能做出电动车的企业，但很遗憾，针对现有主流客户的调研结果影响了对破坏性创新业务的终极判断。所以，主流客户调研或访谈也会存在陷阱。

如果是延续性创新，可以对今天的主流客户进行调研或访谈；但当破坏性创新萌芽时，现有主流客户的需求可能反而会成为创新的隐性负债。

那么，如何将隐性负债最小化呢？

首先，隐性负债貌似是心态问题，其实在多数情况下首先是认知问题。很多企业家或创业者对趋势、战略、机会、风险的认知和判断水平不足，而只有不断地学习才能提高认知和判断水平。

未来趋势到底是什么？什么才是真正的机会？什么才是真正的风险？什么才是真正的关键点？这些重大方向性判断都与企业家或创业者的认知水平密切相关。

其次，企业家、创业者需要在失败或者困难中洞察事物的本质，不能单纯靠“坚持”解决问题。

很多创业者经常会劝自己：再坚持一下，这个困难可能就能解决了，再坚持一下，运气可能就会好起来，等等。但是，当企业家或创业者遇到了困难、失败、煎熬或者痛苦时，除了坚持，首先要问自己：我选择的方向、路线、模式，到底对不对？这个决策到底对不对？因为方向真的比努力更重要。

人无远虑，必有近忧。企业家和创业者如果没有想明白企业未来的重大方向性问题，即没有考虑清楚企业的商业模式、发展战略，那么当下的发展就会举步维艰。

在正确的道路上坚持，是一种美德，在错误的道路上坚持，是对自己和团队的不负责任。那么，如何判断自己究竟是走在正确的道路上还是走在错误的道路上？

要学会“从未来看现在，从宏观决策微观”的决策方法。

很多决策从当下的视角进行分析，真的难以判断对错，往往令决策者非常纠结。但如果是“从未来看现在”进行决策，那么，结合未来发展趋势和企业自身的禀赋，往往答案会一目了然。

有些模式注定会越做越难、越做越小、越做越不可持续，也就没有必要再大张旗鼓地去做了，可以在战术层面只把它当成一个现金流业务运行。

如果“从宏观决策微观”，就不会纠结于战术层面那些鸡毛蒜皮的小事。企业家和创业者千万不要用战术层面的勤奋掩盖战略层面的懒惰，亦不要因战术层面的纷扰而导致战略决策变形或摇摆。

每个组织在不同的阶段都会有隐性负债，企业家就是要尽最大努力将隐性负债显性化、最小化。为此，我给各位企业家和创业者 4 个具体建议。

第一，两强相遇勇者胜，要想战胜隐性负债，必须先将

隐性资产价值最大化。

战胜隐性负债，首先要建立强大的自信。企业家、创业者要有能力自信、文化自信，必须把自己的优势充分地彰显出来，即将隐性资产价值最大化是建立自信的首要因素。

第二，善于合作。

创业确实难，靠企业家、创业者个人单枪匹马地奋斗确实有难度。因此，一定要善于合作，把更多资源整合起来，正所谓“一个好汉三个帮”。

CIC 产业孵化模式，就是一种典型的“大手拉小手”合作机制：产业集团雄厚的资源和联合创业者的创业热情形成了组合效应，产生了化学反应，从而大大提升了创新创业成功的概率。

第三，善于利用基础设施。

5G、元宇宙等各种创新创业基础设施越来越发达，时代赋予了企业家、创业者更多创新创业的机会与便利条件。

第四，善于把握机会，包括正向和负向的机会。

正向的机会：比如东方甄选把握住了罗永浩转向 AR 创业的窗口机会。由于抖音需要扶持新的直播带货标杆，东方甄选就迅速发展起来了。机会永远只会青睐有准备的人。

负向的机会：遇到失败、遇到重大问题的时候，要舍得转身，要敢于自我否定，不是盲目地坚持走在错误的道路上。

我非常认可企业家坚韧不拔的精神，但遇到重大困难未必是坏事，可能要恭喜你，这恰恰是你再出发的契机。要认真想想现在的道路、模式是不是错了。如果错了，痛定思痛，并及时地调整到正确的方向上，可能恰恰是将隐性负债最小化的机会。

推翻隐性的假设

企业制定商业模式、战略规划，或者做出任何重要的决策，都依据相应的“假设”，只是其中既有显性的“假设”，亦有隐性的“假设”。

企业家或创业者往往并未对“假设”进行充分的论证与推敲，却往往基于这些假设做出了重大的决策。因此，这种决策程序无疑相当危险。

同时，企业家或创业者如果能够推翻行业内一直存在的假设，可能就站在创新的大门口了。

埃隆·马斯克创办的SpaceX，推翻了“火箭只能一次性发射”的假设，让火箭可以循环回收、重复利用，如今，SpaceX估值已经超过了1 500亿美元。

分众传媒推翻了“媒体必须有内容”的假设，只做广告、没有内容，每一秒钟都在播放广告。如今，分众传媒已经达到了千亿元级市值。

爱彼迎推翻了“出差、旅游只能住酒店”的假设，让游客可以住进普通人家里，住进民宿。如今，爱彼迎成为市值650亿美元的共享住宿平台第一股。

SHEIN 推翻了“服装行业是千件起订”的假设，推出 5 件衣服就可以起订的模式，实现了小单快反。如今，SHEIN 估值达到了 700 亿美元，市场潜力超过了全球服装零售霸主 ZARA。

所以，创业者应思考在你所处的行业和领域里，有没有一些人们习以为常、想当然的隐性“假设”。如果你能推翻这些假设，你就站在了创新的大门口。

既然我们认识到了“假设”对创新和决策的重要性，那么，企业家和创业者可以通过以下 5 个步骤推翻假设，成功创新。

- **第一步，把隐性假设显性化。**对创始人来说，商业计划书一定要自己写，即使自己不会做 PPT，也要亲自审核修改。在制定商业计划书的过程中，我们要重点寻找和挖掘行业内被认为天经地义的那些假设。
- **第二步，逆向思维，推翻假设。**思考能不能推翻行业内的那些“天经地义假设”？当这些假设被推翻的时候，一个又一个重大的创新机会往往就会浮现。

- **第三步，论证上述创新机会是否真正可行，即通过首次沙盘推演的方式充分论证创新机会的可行性。**
- **第四步，精益创新，通过MVP[1]，以低成本验证创新机会。**
- **第五步，试验成功后，再开始复制推广。**

完成这五步，你离创新成功就不远了。

① MVP即“最小可行性产品”（Minimum Viable Product）。——编者注

商业创新方法论

三个关键，实现真正的创新

- 关键 1：隐性资产最大化，助力创新的核心
- 关键 2：隐性负债最小化，跨过创新的障碍
- 关键 3：推翻隐性假设，站在创新的门口

THE PARADOX OF CHANGE

08

CIC 产业孵化的五种模式

CIC 产业孵化模式将是“投早、投小、投科技”的主流形态。

从国家战略来看，如果中国想在 10 年后的全球科技竞争中不落伍，甚至反超，那么，从今天开始，就必须特别重视“投早、投小、投科技”。

目前，各级政府都在积极引导创投业投早、投小、投硬科技。但是，科技创新的风险高且回报周期长，如何才能持续地培育和孵化优秀的早期项目呢？到哪里去寻找优秀的早期项目？

我在投资实践的过程中发现，以小米生态链、五星控股、海康威视、三一集团、新希望等为代表的 CIC 产业孵化模式，背靠上市公司、产业集团技术、人才、市场、资金等产业资源，是一种高能级、高确定性的创新创业形态，将成为中国创新创业企业孵化的主流形态，对中国成为创新强国具有重大的时代意义。

同时，CIC 产业孵化模式将是上市公司、产业集团进行第二曲线创新的主流形态，将有效提高上市公司、产业集团第二曲线创新的成功率。

CIC 产业孵化模式将是创新主载体

CIC 产业孵化模式的定义

CIC 产业孵化模式，是一种“大手拉小手”的合作创新机制，融合了商业模式创新、组织创新、资本创新等，代表了先进生产力。

CIC 产业孵化模式的概念分成两层：第一层是由公司孵化出来的新创公司；第二层是由公司形成的一个“公司孵化器”。

在新经济蓬勃发展、全球科技博弈的时代背景下，有一定实力的上市公司、产业集团、独角兽企业都应该成为公司孵化器，设立专门的组织和团队、筹备专门的资金专注于产业孵化。当然，企业也可以采用“虚拟孵化”的形式，灵活地孵化一个一个新项目。

当下，多数独立孵化器自身实力有限，基本上靠政府补贴或者通过“二房东”模式支撑，既缺乏重度的服务能力、产业资源，又缺乏创投基金募集和投资的专业能力。

上市公司、产业集团，无论是控股还是参股，无论是通过公司本身控股还是通过实控人持股，无论是联合外部创业者、公司骨干还是外部的合作伙伴，都可以共同发起成立一家新公司进行创新探索。

产业公司为新创公司提供技术、人才、市场、资金等方方面面的资源支持；新创公司成为创新的载体，可以有独立的商业模式与战略，独立的奖惩体系，可以独立融资、上市，这种自主性极大地调动了创新团队的主动性。新创公司作为创新主体，创新灵活性大大提升，不再受传统事业部制的束缚。

重度赋能服务

我们来看看硅谷著名的孵化器 Y Combinator（简称 YC）。

自 2005 年以来，YC 累计投资了超过 4 000 家初创公司，它们目前的估值总和超过 6 000 亿美元。YC 的成功案例包括在线共享住宿平台第一股爱彼迎、美国版美团外卖 DoorDash、加密货币交易平台 Coinbase、云盘应用 Dropbox、生鲜杂货配送平台 Instacart 等，这些目前都是在美股上市的知名企业。

YC 会以 12.5 万美元的投资持有企业 7% 的股份，然后通过高效的赋能，令被投企业在 A 轮的平均融资额达到 900 万美元。在高风险、低成功率的创新孵化领域，YC 为何能取得如此巨大的成功？

商业模式创新实践

YC，重度、专业赋能，提高创业成功率

首先，YC 的创始人都是成功的创业者，在项目选择、后续赋能帮扶上，YC 的团队都是有丰富实操经验

的专业选手。

其次，YC 有一套完善强大的创业课程体系，它把创业的成功经验和失败教训变成标准化的创业课程，帮助创业者提高创新创业的成功率。

再次，YC 拥有强大的创业者网络——YC 的校友之间以及他们和各大公司之间的连接非常紧密，这些都是极具价值的隐性资产。而且，YC 已经实现了人脉网络的互联网化。

最后，YC 通过 Demo Day 路演活动使得创业项目被风险投资机构疯抢，甚至提前预订下一轮的投资机会。

一个成功的孵化器，不仅要有经验丰富的管理人、落地的创业方法论，要有雄厚的人脉资源和生态链接，还要有帮助项目持续融资的能力等，归根到底就是重度、专业、可落地的赋能能力。

凡是能做到以上四点的孵化器，才有可能成为成功的孵化器。

在中国，具备这种重度专业赋能能力的孵化组织或者团队在哪里呢？多数独立孵化器无法建立这种重度服务赋能体系，上市公司和产业集团则是拥有这种重度赋能能力的市场主体。因此，盛景研究院通过深度研究和投资实践提出了CIC 产业孵化模式。

中国科技创新孵化和培育的重任需要由兼具产业能力和报国之志的产业孵化器完成。在科技博弈背景下，中国科技创新时不我待，因此，引导和鼓励更多上市公司、产业集团进行产业孵化迫在眉睫。

CIC 产业孵化模式和阿米巴经营模式有什么区别

CIC产业孵化模式和阿米巴经营模式[①]，在经营哲学层面上有相通的地方，都强调激发当事人的能动性。

然而，阿米巴经营模式是从管理模式的角度在企业内部推动降本增效，更侧重对现有业务的改善。阿米巴经营模式的理念容易学习，但纯正的阿米巴经营模式的计算方法（时间

① “阿米巴经营模式”指让一线的每一位员工成为主角，主动参与经营，从而实现全员参与经营的模式。——编者注

价值计算）非常复杂，所以在国内企业中往往很难真正落地。

CIC 产业孵化模式是从创新创业维度出发，多聚焦于创新业务的开展。因此，两者侧重的视角有显著区别。CIC 产业孵化模式从组织创新入手，创立新公司，可操作性强，具有较为广泛的适用性。

CIC 产业孵化模式和大企业事业部制创新有什么区别

过去，大企业做创新通常都采用事业部制。CIC 产业孵化模式则是新创立一家公司或者多家公司。和事业部制相比，CIC 产业孵化模式是“四两拨千斤”的“新物种”。

事业部的战略一定是对集团战略的细化或深化，这往往使得创新业务受到较大的束缚。CIC 产业孵化模式孵化的是新创公司，新公司可以拥有完全独立的商业模式与战略。尤其是在进行破坏性创新、跨界创新时，创新战略的灵活性和独立性往往是成功的前置条件。

从吸引和激励人才的角度，相比于事业部制，新创公司亦有着显著的优势。

事业部制要求员工必须是这家公司的雇员。但孵化的新创公司的创始人和高管，既可以是集团公司内部的现有人才，也可以是从公司外部吸引的新人才，他们参与的是这家新创公司的创新事业，而不是要成为集团公司的员工。这对优秀人才的吸引力更大。

新创公司在人才股权激励上具有压倒性优势，新创公司的原始股权激励力度大，而在事业部制的产业公司内部，实施股权激励操作难度大，激励作用相对较小。

同时，在股权结构设计方面，CIC 产业孵化模式孵化的新创公司可以由孵化公司或实控人参股或控股。新创公司可以与原公司是母子公司架构，也可以是兄弟公司平行架构，因此在股权结构设计上非常灵活。给新公司团队和资源方预留原始股股权作为激励，则是一种标配性做法。

从和产业公司战略的关系来看，在采用事业部制的公司中，事业部的战略与产业公司的战略一定是强关联的。如果两者是潜在关联、弱关联甚至没有关联的，那么事业部就应该关停并转了。但是在 CIC 产业孵化模式下，由于孵化的是新创公司，所以新公司的战略和产业公司的战略之间既可以是强关联的，也可以是潜在关联、弱关联的，甚至是没有关联的。因此，在战略层面，新创公司有足够的自主性和灵活性。

CIC 产业孵化模式的灵活性和弹性空间非常大。创新创业要有灵活性，才能有战斗力和活力。

从实践角度看，事业部制更适合做渐进式创新，更适合相对成熟的业务的持续增长。对创新业务来说，尤其是破坏性创新业务和跨界创新业务，新创公司是首选，而新创公司背后是资源和利益的重新分配与组合。

CIC 产业孵化模式和 CVC 企业创投有什么区别

在美国，企业风险投资（Corporate Venture Capital，CVC）的投资规模已经超过了独立 VC，谷歌风投、苹果风投等投资规模已经超过了红杉、KPCB 等独立 VC。中国的 CVC 也在快速增长。

通常，尤其是在中国，上市公司、产业集团做 CVC 要平衡战略属性和财务属性，这个双重目标导致了 CVC 成功运行的难度较大。首先，CVC 是企业 VC，一定有战略诉求；其次，CVC 使用基金结构募集外部投资人的资金，投资人一定有获利的财务诉求，因此战略诉求和财务诉求时常会产生冲突和矛盾。CVC 倾向于在企业发展的相对偏中后期进入，追求更高的财务安全性。

CIC 产业孵化模式是投资企业使用自有资金在联合创业阶段极早期介入，给予创业者超重度赋能，CIC 和 CVC 两者的投资阶段和投资成本、资金来源完全不同，所以其运作模式亦完全不同。

CVC 基金涉及 VC 基金的募、投、管、退，专业性极高，进入门槛极低、生存门槛极高。相比于专业 VC 管理人，企业做 CVC 需要一个较长的学习曲线，尤其对超级巨头之外的上市公司、产业集团来说，仍然面临众多挑战。

通过前文的分析可知，相比于独立孵化器，CIC 产业孵化模式具有压倒性优势，可以将公司的产业资源和优势最大化，其本质是产业资源的变现和第二曲线创新。因此，在

CIC 产业孵化模式中，孵化方与作为被孵化方的企业的关联度往往会高于 CVC 基金与被投企业的关联度，而且 CIC 产业孵化模式的战略属性也更为明显。同时，因为 CIC 产业孵化模式中的孵化方往往通过获得原始股权的形式介入，因此，通过极低的成本和极高的产业资源赋能，有可能获得可观的财务回报。

CIC 产业孵化的 5 种模式

从公司孵化器层面看，CIC 产业孵化模式目前有 5 种典型模式。

以小米生态链为代表的“CVC+CIC”模式

小米旗下既有以小米战投、顺为资本、长江投资为代表的 CVC 基金，又有“小米生态链”这一产业孵化生态。截至 2021 年底，小米集团通过小米科技等投资主体，投资了 330 家公司，小米通过 CVC+CIC 目前投资了约 900 家公司，拥有相当大的规模和体量。因此，小米形成了独特的CVC+CIC共同发力的产业培育模式。小米生态链孵化和投资直接服务于公司战略，直接服务于为公司主营业务增收创利，直接服务于上市公司市值的提升。

这种模式最大的特点是成体系、成建制，对主营业务的帮助大，与公司战略的关联度极高，亦能直接提升上市公司的市值。

小米生态链是把“产品事业部制”架构变成了“联合创立公司制”架构，给予创业者最大限度的股权激励和事业部式的控制性赋能。小米对小米生态链上的公司在产品定义、供应链、定价等方面都进行了相对比较强的控制。

小米生态链所孵化的项目原则上需要通过小米官网和小米之家进行销售，小米分得毛利的50%，这就直接助力了小米集团的营收和毛利的增长。目前，小米生态链相关产品销售已经达到300亿元，其售卖的高频C端产品也极大地提升了用户与小米互动的频率。虽然是借助小米手机早期的巨大流量起盘的，但现在已经可以对小米手机进行流量反哺了。

小米生态链上的公司在商业模式和战略层面的创新相对较少，大多是产品层面的创新。所以多数小米生态链公司的体量不够大，这是小米 CVC+CIC 模式的美中不足，或许在小米进军电动车领域后，这一问题有望破局。

以海康威视为代表的“上市公司控股孵化子公司”模式

市值 3 000 亿元的科创板巨头海康威视采取了“母公司员工 + 子公司员工共同在子公司持股”的模式。2015 年，海康威视发布了《核心员工跟投创新业务管理办法》，确立了创新业务跟投机制，搭建起了内部孵化平台，通过 A 计划和 B 计划，鼓励员工跟投。

- A 计划：强制要求公司及全资子公司、创新业务子公司的中高层管理人员和核心骨干员工跟投各类创新业务，确保海康威视核心员工与公司创新业务牢牢绑定，形成共创、共担的业务平台。
- B 计划：由创新业务子公司核心员工且是全职员工组成，参与跟投员工各自所属的创新业务子公司，目的是进一步激发创新业务子公司员工的创造性和

> 拼搏精神，建立符合高新技术企业行业惯例的高风险和高回报的人才吸引、人才管理模式。

通过这种孵化模式，海康威视孵化出了萤石网络、海康微影、海康机器人等众多优秀的子公司（见图 8-1）。其中，萤石网络已于 2022 年 12 月 28 日在科创板挂牌上市，而海康机器人也在 2023 年 3 月向创业板递交招股书，拟募资 60 亿元。

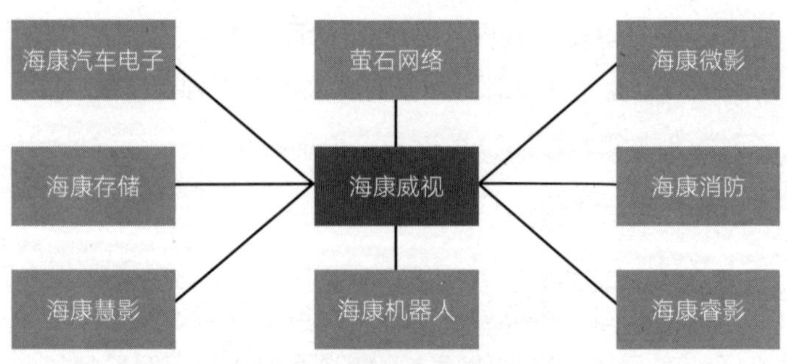

图 8-1　海康威视孵化的子公司

控股孵化子公司模式的好处是，团队在子公司层面可以获得的股权比例远高于母公司层面，而且激励更为直接——子公司业绩好，股权就更值钱，业绩好坏与当事人的工作更直接关联；而在母公司层面，股权激励与当事人的关联则更弱。

同时，子公司不仅可以给管理团队股权激励，还可以引入战略或财务投资人，从而增加子公司独立的资本金。而且，投资人背后有诸多资源，因此子公司融资不仅可以融到资金，更可以融到资源。

对子公司层面的外部投资人和团队持股来说，股权退出或者获得回报的方式有以下三种：

- 第一种，子公司可以独立上市或分拆上市，也可以由上市公司增发新股购买子公司的少数股权，实现少数股权的变相上市。
- 第二种，上市公司可以用现金购买子公司股东的全部或部分股权，从而产生激励作用。
- 第三种，如果子公司产生了较高的净利润，那么分红亦是股东获得回报的常见方式。

通常，如果新公司与上市公司主营业务是强关联的，建议放在上市公司体内培育；如果新公司与上市公司主营业务是弱关联的，建议放在上市公司体外培育。如果是能够相对较快产生利润的，建议放在上市公司体内培育；如果是短期内会吃掉大量利润的，建议放在上市公司体外培育。

如果是渐进式创新业务，是为了满足主流客户性能升级需求而推出的，那么建议放在上市公司体内培育，采用控股子公司模式或者采用事业部制。如果是破坏性创新业务，前期往往会产生较大亏损，这时就建议创立新公司。新创公司由实控人控股或参股都可以，主要根据各方对新公司的实际贡献进行原始股权的分配。通常，我们建议将探索破坏性创新的新公司放在上市公司体外培育。

因此，上市公司控股孵化子公司的模式能够实现更有效的股权激励，是更加具有普遍意义的一种产业孵化模式。

以三一集团为代表的“平行公司”模式

作为一家身处工业领域、靠工程机械起家、市值达千亿元量级的公司，三一集团一直以其品质过硬、技术先进的重型机械产品为人称道。但是很多人都不知道的是，三一集团在产业孵化方面也做得非常成功。图 8-2 展示了三一集团孵化的子公司。

树根互联
ROOTCLOUD

三一重工 上交所：600031
三一重能 上交所：688349
三一国际 港交所：HK0631
易工品
树根互联
三一重卡

图 8-2　三一集团孵化的公司

三一集团没有将孵化的项目放在上市公司的架构之下，而是让它和上市公司平行，作为上市公司的兄弟公司，由三一集团实控人、集团二代、个人股东等持有新创公司的股份，同时给予新创公司管理层一定的原始股权激励。由于该集团的各个子公司都是兄弟公司，与上市公司不是母子关系，因此运作起来更为灵活。

通过产业孵化的方式，三一实控人、集团二代、核心管理层等在新能源重卡、工业品电商、工业互联网等新兴领域创立了多家优秀企业，也为代际传承做出了有益探索，充分发挥了三一集团和核心管理层的渠道资源、客户资源、产业能力等隐性资产价值。

以五星控股、新希望·草根知本为代表的“实控人单独设立专门的孵化平台”模式

五星控股是原主业出售、实控人单独设立孵化平台模式。

五星控股的前身是五星电器，由创始人汪建国于 1998 年创立，曾经跻身中国家电连锁前三强。2009 年，汪建国将五星电器卖给百思买之后，设立了五星控股，专门进行产业孵化。五星控股以培育新创公司作为主营业务，分别针对孩子、农民、有钱人、老人这 4 类人群做 4 个方向的创业，先后培育出两家上市公司汇通达和孩子王、一家独角兽企业好享家、两家“瞪羚企业”[①] 橙易达和阿格拉等一系列服务业品牌，形成了创新创业的生态网络。

五星电器的隐性资产是之前在大城市开设连锁卖场的供应链资源和行业经验，孩子王选择在大城市开设母婴产品连锁专营店，汇通达则选择在农村和下沉市场赋能小店卖家电，将原来五星电器的本领“一分为二”进行二次创业，使

① “瞪羚企业”是指创业后跨越死亡谷、进入快速成长期的企业。——编者注

得创业成本低、风险小。

而新希望是原主业保留并传承，实控人单独设立孵化平台模式。

新希望集团创立于 1982 年，是一家靠饲料和动物蛋白业务起家的民营企业，目前市值约 600 亿元。2015 年，面对数字化的发展趋势，集团董事长刘永好选择将老业务“新希望六和”交给“80 后”女儿刘畅管理，而自己作为实控人，携手核心高管席刚，设立了产业孵化平台“草根知本”，围绕大消费领域投入自有资金十余亿元进行 CIC 产业孵化。

目前，草根知本控股、孵化了 100 多家公司，建立了围绕乳品、冷链物流、调味品、休闲食品、营养保健品和宠物食品的六大赛道。借助新希望的品牌资产、卓越的运营管理能力和优秀人才，草根知本已经孵化了 1 家上市公司（新乳业）、1 家估值超百亿元的企业（鲜生活冷链）和 2 家估值超过 30 亿元的企业，拥有 300 多个子公司合伙人和 200 多家合伙企业，初步实现了新希望集团从企业市场向消费者市场转型布局的战略使命。

以 YC 为代表的“赋能参股型孵化”模式

赋能参股型孵化模式的特点是，孵化器企业充分发挥自己的产业资源优势，将创业的能力、巨大的人脉圈、产业资源等重度赋能给初创企业，同时在多家初创企业里持有少量股份。

YC 就是典型的赋能参股型孵化模式，YC 的目标是通过投资孵化成为 10 000 家初创企业的股东。

上市公司、产业集团都可以利用自己的产业资源、人脉、订单，孵化与自己或与自己的产业链上下游相关的企业。参股赋能型孵化模式的实施难度会显著小于控股孵化模式，因此，更具普适性。

综上所述，CIC 产业孵化模式是一种高能级、高确定性的创新创业形态，它能够将优秀企业的产业能力等隐性资产价值最大化，并将大企业的战略刚性、机制刚性等隐性负债最小化，是“大手拉小手”联合创新创业的完美组合。产业孵化模式进一步融合科学家和技术专家的技术能力、专业机构的顶层设计等赋能能力，资源整合、四方联创将进一步提高创新成功率。

盛景将依托专业赋能服务平台与母基金、直投基金投资孵化的专业能力，致力于成为公司孵化器背后的“使能者”，助力上市公司、产业集团、独角兽企业通过 CIC 产业孵化模式实现第二曲线创新。

商业创新方法论

产业孵化的 5 种模式

- 以小米生态链为代表的“CVC+CIC”模式
- 以海康威视为代表的“上市公司控股孵化子公司”模式
- 以三一集团为代表的“平行公司”模式
- 以五星控股、新希望·草根知本为代表的“实控人单独设立专门的孵化平台”模式
- 以 YC 为代表的“赋能参股型孵化”模式

THE PARADOX OF CHANGE

第三部分

投资企业的未来

THE PARADOX OF CHANGE

09

创投是中国经济走出挑战的战略性力量

创投业是经济下行压力最佳化解之道的动力源，是新旧动能转化的关键所在。

近年来，中国经济面临多重挑战。中国民间固定资产投资同比增速明显放缓。国家统计局 2022 年公布的数据显示，16 岁至 24 岁人口城镇调查失业率达 18.2%，创有数据统计以来的新高。

如何调动和激活民间市场化的投资力量？投资行为如何兼顾走出当下的困境与良性健康的长期发展？如何解决大学生高质量就业等重大问题？如何在科技博弈中占得先机？答案就是大力发展新经济投资。

投资新经济，助力跨越中等收入陷阱

想要激活民间投资，首先面临的问题是到底应该投什么。

中国经济的现状可以用 4 个字描述，那就是“K 型分化”：经济总量增长趋缓，结构性变迁非常剧烈，只有具备竞争力的核心技术、解决行业长期痛点的新经济企业才能对国民经济产生正向贡献，持续创造价值。没有核心技术和创新能力的企业则会陆续被边缘化或淘汰。

新经济企业多以新技术、新模式、新业态、新方法等创造性方式满足目标客户的核心需求，代表着中国经济发展的未来中坚力量，亦是中国跨越中等收入陷阱的主力军。因此，无论是从财务回报的角度，还是从对国民经济持续产生贡献的角度看，民间投资都应该加大针对新经济的投资力度和投资占比。

新经济投资的核心环节是创投业，创投业将显著提高投资新经济的专业性，降低和共担投资新经济的风险。这在美国新经济发展历程中充分得到了验证。

科技投资是新经济企业的标配，大到商业航天火箭发动机技术创新，小到咖啡冷萃保鲜技术创新，企业在创业初期均需要来自天使投资、创业投资基金的资金支持和赋能支持。有了创投业，才有市场化高度活跃的新经济创新，才能吸引海外“大厂”高管、专家白手起家回国创业，才有新经济的成倍增长和随之而来的经济提振，才能在大国博弈中解决一个一个“卡脖子”问题。这样才更有利于解决大学生的高质量就业难题。

我们算一笔经济账：在优秀创业者和投资人的共同努力下，5 万亿元新增创投业投资可以创造 10 万亿元新经济新增 GDP，可以有效地直接解决千万级高质量人群的就业问题，可以间接带动全产业链 5 000 万个以上新增就业机会，可以带动形成 50 万亿元以上新经济新增市值（5 倍 PS）。这相当于以创投业培育孵化的优质企业为动力来源，可以再创造一个 A 股市场。

2001 年，巴菲特提出“巴菲特指标”，即用一国股市总市值和 GNP（或 GDP）的比值来衡量股市被高估或低估的水平。美国商务部公布的数据显示，美国 2022 年 GDP 约为 25.47 万亿美元，截至 2022 年末，美股总市值约为 44 万亿美元，美股总市值与美国 GDP 的比值约为 173%。根据国家统计局公布的数据，我国 2022 年 GDP 突破 120 万亿元。数据显示，截至 2022 年 12 月，A 股总市值约为 87.75 万亿元，A 股总市值与中国 GDP 的比值约为 73%。面向未来，考虑中国 GDP 未来 10 年每年复合增长 4% ～ 5%，那么 10 年后，中国 GDP 约为 200 万亿元。即使 10 年后，A 股总市值与中国 GDP 的比值仅为 100%，A 股市场也仍有超过 100 万亿元的增量空间，达到 200 万亿元的整体市值规模。

市场化、注册制为大势所趋，在“K 型分化”的长期趋势下，100 万亿元的市值增量将更多依靠新经济企业创造。因此，A 股上市公司将实现“腾笼换鸟”，上市公司的质量也将进一步提升。中国资本市场对房地产市场下行的对冲效应将进一步加强，中国企业的直接融资比例也将大幅上升。

国家统计局数据显示，2021 年，中国居民人均可支配收入占人均 GDP 的比例约为 43.4%，仍低于美国约 80.3% 这一比值。中国 GDP 增长还未有效转化为居民财富的增长。中国居民资产结构中，房地产占比 2/3 以上，“高度钙化”的居民房地产资产令消费提振进展缓慢。伴随着新经济进一步蓬勃发展，中国居民可通过参与新经济一、二级市场的中长期投资而获得权益性收入，从而为提振消费打下坚实的基础。

因此，创投业是中国跨越中等收入陷阱、在科技博弈中举足轻重的市场化力量，其战略意义极为重大。此外，**创投业也是经济下行压力最佳化解之道的动力源，是新旧动能转化的关键所在。**

创投业是“科技服务业”的高级形式和发展主路径

创投基金管理人，特别是天使投资基金、VC 阶段创业投资基金和相关母基金，属于科技服务业范畴，或者属于高技术服务业范畴。

创投基金管理人受托管理出资人（LP）的资金，并将受托管理资金投向创新创业公司，陪跑 5 ～ 10 年，深度赋能，陪伴创新创业公司成长和应对各种挑战和风险，最后通过资本市场上市或被并购等退出机制，为出资人创造收益。

创投基金管理人向上游服务于出资人，向下游服务于创业者，收取的是“服务费”——年度管理费和业绩报酬[①]，赚的是提供“募、投、管、退”服务的辛苦钱。其本质上并不是我们通常所说的狭义的“投资人”或者“资本”。

同时，创投基金管理模式可能是科技服务业做大做强的主要路径和主流模式。

历经多年实践，我们发现创业公司普遍存在现金付费能力极弱，但又迫切需要关于战略设计、股权分配、融资方案、核心团队组建、大客户或渠道拓展等培训、咨询专业赋能服务。这就形成了一个明显的悖论或恶性循环。

培训、咨询等专业服务机构一般只为大企业、政府机关、规模企业提供专业服务，无法为创业阶段的公司提供专业服务。与此同时，处于创业阶段的公司几乎无法获得专业服务机构提供的高质量专业服务，只能依靠创业者自己摸索和试错，这往往导致创业失败率极高。

创投基金管理人通过向出资人收取管理费，解决日常运

① 业绩报酬指随投资收益浮动的服务费。

营费用问题，通过获取业绩报酬服务费解决长期发展激励问题，从而能够为创业者提供免费或收费极低的专业赋能服务，与创业公司长期共担风险、共同成长，从而实现创业公司、创投基金管理人、出资人之间的共赢发展。

创业阶段的公司获取免费或低价的专业赋能服务极为困难，因为市场上缺乏这类独特供给。在实践中，创业公司只能向创投基金管理人等广义上的"投资人"寻求这类免费或低价的专业赋能服务。因此，创投基金管理人成为面向创业公司的免费或低价的高端专业赋能服务的主流提供者，甚至是唯一提供者。

出资人出资、基金管理人提供专业管理、创业者进行创新创业的三位一体架构和运行模式，是美国科技创新领域的重大机制创新，在充分发挥基金管理人专业能力的基础上，以免费或极低的价格为创业公司提供了全方位的专业赋能服务。这从根本上促进了美国高科技产业的蓬勃发展。

同时，VC 架构通过专业管理和投资组合分散风险，革命性降低了出资人投资创新的风险，并通过母基金（FOF）—子基金（VC）—创业者的双层分散配置和双层专业管理架构，进一步降低了出资人投资创新的风险。在不改变“单个创新项目本身是高风险”的背景下，创造性地实现了“投资创新的风险可控”这一高难度转变，这无疑是美国科技创新得以蓬勃发展、庞大民间资金得以投入科技创新的核心原因。

因此，创投业以创投基金管理人的专业能力与勤勉尽责作为中间枢纽，由出资人支付年度管理费和业绩报酬服务费等形式付费购买了创投基金管理人的专业服务。出资人委托创投基金管理人发现、判断有潜力的创业公司，并通过免费赋能和投后服务等形式助力被投创业公司的成长和发展。这种模式的本质是，出资人承担了向创业公司提供免费专业服务的相应成本和风险，并向创投基金管理人支付相关专业服务的费用，出资人在被投企业上市或被并购退出时，通过出售股权回笼资金，从而获得预期收益，当然，也有可能会亏损。

出资人是享受投资收益、承担投资风险的主体，是真正意义上的“投资人”，而创投基金管理人只是提供专业服务的专业团队，其本质是高端专业赋能服务机构，并非真正意义上的“投资人”或“资本”。投给创业公司的资金并非基金管理人自有资金，基金中往往仅有小比例资金来自基金管理人，这样做是为了让基金管理人和出资人共担风险，降低基金管理人不勤勉尽责的道德风险。

在创投业专业人士的支持下，一代代新兴创业公司或者通过科技创新，或者通过商业模式创新，为国富民强，为国人过上更美好的生活、享受更好的工作环境创造更大的价值，为促进共同富裕、带动国民经济发展做出重要贡献，同时在大国竞争、科技博弈、国家安全等角度亦能发挥重大作用。离开了创投业的专业服务，一代代创业公司将丧失前进的动力和支持，这将使中国新经济的活力大打折扣，严重制约中国经济转型升级，影响中国跨越中等收入陷阱。

正是因为创投业创造性地实现了对创业公司专业赋能服务的“转移支付”，承担了众多国家或政府职能，因此，在美国和以色列，创投业都得到了大力扶持。

以色列仅有 800 万人口，却是全球三大创新高地之一。创新科技产业是以色列经济增长的最大贡献者，这离不开该国支持早期创新的孵化器运行机制。

商业模式创新实践

风险共担，收益不共享，为创新注入活力

以色列创新署支持的科技创新孵化器项目（Technological Innovation Incubators Program）的机制设计非常具有借鉴意义。以色列创新署通过竞争性程序筛选科技领域的孵化器，并对其进行认证和授权。每年获得授权的孵化器约为 20 家，每家公司均由市场化的专业运营机构进行管理，通常由创投管理公司联合头部产业公司共同建设。

以色列创新署为孵化器和被孵化项目提供资金支持，同时坚持“风险共担、收益不共享”原则，以“软贷款”的形式，为被孵化的项目公司提供产品研发费用上限 85% 的资金，余下 15% 的资金由孵化器自行承担，以共担风险。其中，孵化器和以色列创新署的投资部分用于换取被孵化的项目公司 20% 左右的股权，但这部分股权全部归孵化器管理人所有，以鼓励和支持孵化器管理人为被孵化的项目公司提供高品质的创新赋能服务，其余部分为以色列创新署对项目公司提供的贷款，如果项目失败，则贷款不需要偿还；如果项目成功，

由被孵化的项目公司偿还本金并支付低息利息。通过这一创新机制，以色列创新署通过承担主要的孵化资金投入，有效调动众多国家级市场化孵化器源源不断地孵化科技创新项目，为以色列经济注入了创新活力。

从以色列对早期孵化器的独特支持制度可以看出，以色列将孵化器定位于高端专业服务机构，以国家提供资金的形式支持创业公司发展，同时将所持股权收益奖励给孵化器管理人，以鼓励管理人提供优质的创新赋能服务，而相关风险由国家资金承担。以色列科技产业由此得以茁壮成长。

在中国，政府引导基金也扮演着类似的引导角色。那么，如何充分发挥政府资金的引导作用呢?

从以色列政府扶持早期孵化器的创新做法中，我们可以清晰地看到以色列政府对孵化器管理人的价值定位，即专业赋能服务机构，而非所谓的“资本”或“投资人”。

因此，创投业是中国战略性新兴产业发展的前导环节和关键性支撑环节。离开了创投业的发展，中国战略性新兴产业的发展将举步维艰。同时，创投业本身就应该是科技服务业的组成部分，其所具备的高端、专业、综合、长期等显著特征是现代服务业的高级形态，是高水准、高难度、稀缺的专业服务类型。创投业应作为高科技服务业的代表得到国家、政府全方位的倾斜性支持，其运行逻辑与特征与所谓“无序扩张的资本”完全不同，与不正当竞争、涉嫌垄断的互联网超级巨头更为不同。

总之，创投业是“科技服务业”的高级形态，也是面向创业公司的高端专业赋能服务的主流供给者，是中国科技服务业壮大的主要路径，是战略性新兴产业发展的关键环节。

既然创投业应得到最大力度的支持，那么当务之急是助力人民币创投行业尽快解决“募资难”的生死存亡问题。

如何彻底解决募资难

近年来，市场化人民币基金持续面临募资难的问题，在支持中国初创科技企业发展过程中显得力不从心，其中天使基金和早期 VC 基金募资难的情况尤为严重。在此，我提出如下建议。

首先，提升国资出资占比，降低早期基金募资难度。

我们可以借鉴以色列在孵化项目初期扶持孵化器的成功经验，在早期天使投资基金中建议将各级国资合计出资比例上调至 75%，在创投基金中建议将国资合计出资占比上调至 50%，从而降低早期基金募资难度，彻底解决当前在早期科创投资领域资金严重匮乏的被动局面。这样一来，中国才能够在科技博弈中迎头赶上。

同时，建议各地政府引导基金优化返投比，以 1 倍为宜，以宽口径为宜，提升对一线专业创投机构申报的吸引力，避免管理人“劣币驱逐良币”现象大规模发生。

其次，出台长期科技投资税收优惠政策，吸引更多民间资金进行长期科技投资。

我们首先应该稳定一级市场股权投资的基础税率预期，可以践行目前多数地区通常采用的个人所得税税率 20% 这一标准。

按照税法精神，创业投资基金、股权投资基金出资人获得的收益，并非生产经营所得，而是财产转让所得。因此，对在中国证券投资基金业协会（下文简称“中基协”）登记为“创业投资基金”或“私募股权投资基金”的基金主体，都应按20%的税率缴纳个人所得税，无须区分。在实际操作过程中，这两类基金主体的界限越来越模糊，因为一只基金会进行各个阶段多个投资项目间的组合与配置，以减少投资风险。因此，20%的税率理应适用于私募股权基金。

鉴于私募股权基金同样是被动收入，并非主动经营所得。地方税务部门应本着“实质课税”和“税收公平”原则，明确并落实向创业投资基金、私募股权基金、创业投资母基金、私募股权母基金等相关类型主体的个人投资者按照20%的税率征收个人所得税。

再次，在稳定创投业前述基础税率的基础上，建议对数字经济、智能制造、碳中和等国家鼓励行业的中长期投资，如投资时间超过6年的投资，进一步给予税收优惠政策。例如，可参照高新技术企业按15%的税率征税的做法，鼓励市场化创投资金“投早、投小、投科技”。

最后，鼓励国资/险资/信托/私人银行等大额资金作为早期创投母基金的“祖母基金”。

由于科技投资领域存在长周期、高风险、高难度等情况，因此我们必须坚持委托市场化机构进行管理的原则。专业性、激励与惩罚约束机制等都需要市场化机制。在投资过程中，需要综合评价创投机构的历史业绩、投前投后赋能能力、行业研究的深度和广度、项目挖掘与决策能力、团队培养与梯队传承等专业水平。

在早期投资领域，国资、险资等大资金直接投资子基金的难度大、风险大，因为早期创投基金需要的资金数量有限，过大的子基金规模往往会导致基金管理人偏离“投早、投小”的初心。所以，大额资金可以作为祖母基金投资头部市场化创投母基金，借助市场化创投母基金的专业能力和市场化机制，大大提升决策质量和管理质量，大大提高对小规模早期基金的覆盖和服务能力。因此，在早期创投母基金，国资、险资等大额资金出资比例可提高至创投母基金整体规模的80%以上，以彻底解决目前市场化创投母基金募资难的问题。

作为科创投资一级市场的顶层设计，市场化创投母基金的突破对整个一级市场“投早、投小”具有牵一发而动全身的重大意义。

“先行先试”加大新经济服务能力建设

创投业是“科技服务业”的高级形态，也是科技服务业壮大的主要路径，是战略性新兴产业发展的关键环节，是高端专业服务业，而不是“资本”。

因此，我建议允许和鼓励有鲜明科技服务和赋能特色的创投管理公司上市融资，至少应允许在北交所先行先试，允许和鼓励发行长期“创投债券”。上述手段可以提高有鲜明科技服务特征的创投基金管理人的自有资金实力，用于加大新经济服务能力建设的投入，加大对创业公司赋能服务的投入。同时，待这些公司上市后，就可以对其执行上市公司的严格内控管理标准，从而有效提高管理人工作的公开度和透明度，接受更为规范的监管。这些举措会增加国资、险资、市场化资金等方面的投资信心，使他们能够增加对早期阶段基金的出资力度。

期望科技创新主管部门、金融监管部门可以借鉴以色列的科技创新孵化器项目经验，与头部市场化管理机构共同探索中国科技服务业的发展之路。

商业创新方法论

4 种方式，解决募资难问题

- 方式一：提升国资出资占比，降低早期基金募资难度。

- 方式二：出台长期科技投资税收优惠政策，吸引更多民间资金进行长期科技投资。

- 方式三：在稳定创投业基础税率的基础上，建议对数字经济、智能制造、碳中和等国家鼓励行业的中长期投资，如投资时间超过 6 年的投资，进一步给予税收优惠政策。

- 方式四：鼓励国资 / 险资 / 信托 / 私人银行等大额资金作为早期创投母基金的“祖母基金”。

THE PARADOX OF CHANGE

10

“全面注册制”，企业、投资者如何抓住时代红利

在全面注册制下，伟大公司高成长红利与退市公司高风险将并存。

2023 年 2 月 17 日，中国证监会发布全面实行股票发行注册制相关制度规则，吹响了全面注册制的"号角"。

全面注册制是中国资本市场今年开年以来最大的事件。但关于注册制对中国未来 10 年，甚至 20 年、30 年产生的巨大影响，大多数人并未重视或者认识不够。对于全面注册制，我有如下思考。

中国正在从房地产驱动转向权益性资本市场驱动

注册制从 2019 年开始试点，经过 3 年的不断推进和优化，目前启动全面注册制的时机已经成熟，资本市场可以更高质量地服务于实体经济。

全面注册制推进的背景是中国房地产业正处于长期下行周期，人们的财富配置将从房地产财富占比 2/3 逐步转移到金融资产占比达到 2/3，而金融资产中的主体将是权益性资产——比如股票和股权等，这将是一次历史性的重大变化。

美国民众金融资产占总资产比例约 2/3，房地产资产占比仅 1/5。在金融资产中，权益性资产占总资产比例超过 50%，债券——包括国债和公司债等，占总资产比例约 16%。

全面注册制，不仅仅是中国资本市场重大改革，也是中国宏观经济改革的一个重要组成部分，**它的背后是中国经济将从房地产驱动转向权益性资本市场驱动的时代背景**，将是中国资本市场支持实体经济、支持创新发展、建设创新强国的重大制度保障。

注册制是对 LP 出资人的重大制度性利好

创投行业尤其是其出资人，最大的痛苦在于退出制度的不可预测。

中国资本市场历经多次IPO暂停或放缓，行政性调控色彩颇为明显，甚至多年来二级市场“谈注册制色变”，IPO速度稍一加快，二级市场就“先跌为敬”。

全面注册制将根本性淡化发行环节行政性干预色彩，逐步将发行环节主导权交还市场，实现市场化主导的新格局。

全面注册制将加速人民币基金在资本市场的退出效率，形成出资人退出制度的可预期性，提升出资人资金的流动性和资金使用效率，从而使创投业实现更加良性的循环，最终推动更多民间资本投资创新创业，为创业企业注入活力。

“退市常态化”才是终极决战

观察美股市场的历史退市情况，2017年多伦多大学克雷格·多伊奇（Craig Deutsch）在《金融经济学杂志》（*Journal of Financial Economics*）发表了针对美国股市退市制度研究的文章。文章中的数据显示，从 1975 年至 2012 年的 38 年间，纽交所、纳斯达克证券市场和美国证券交易所三大股票市场的 IPO 总计为 15 922 家，退市企业总计为 17 303 家（含并购及主动退市）。也就是说，这 38 年间，美股年均 IPO 公司数量为 419 家，年均退市公司数量为 455 家，退市公司数量大于 IPO 公司数量。

最近 10 年来，美国股市新上市企业和退市企业数量基本平衡，因此，美国不存在上市排队“堰塞湖”现象，企业上市和退市都非常市场化、简单、高效。

除强监管和强制退市外，美股每年有许多衰退期企业因估值低迷而选择主动退市，实现了美国资本市场的“新陈代谢”。美股亦有众多企业退市重组后实现再上市，所以，美股企业是上市自由、退市自由、退市后再上市自由。

中国资本市场走向全面注册制的挑战之一是要纾解当前依然存在的“IPO 堰塞湖”。根据中国证监会、上交所、深交所、北交所官网最新数据统计，目前 IPO 信息披露，在审企业依然是近千家企业在排队的现象。只有加快劣币型企业退市，让“壳”价值尽快趋于零，才能化解千军万马抢着上市的氛围与认知。

因此，A 股亦应逐步实现全面注册制、企业上市与退市通道同样畅通、上市与退市企业数量大致平衡的正向循环。

只有退市常态化，通过不断过滤的市场评估机制，让好公司留下来，差公司被淘汰，才能达到优胜劣汰、新陈代谢的制度性目的。反之，“堰塞湖”就有可能还会存在，或者事实上，如果发行周期比较长，依然会影响或延缓优秀公司借助资本市场实现快速发展。

VC/PE 行业正在进入新的高质量发展阶段

随着全面注册制的落地，一二级市场的简单套利机会越来越少，单纯的 Pre-IPO 策略将难以为继，上市不再意味着一定能赚钱。注册制带来的一、二级市场“估值倒挂”[①] 将

① “估值倒挂”是指新股、次新股在二级市场的估值表现远远不及其在一级市场的估值表现。——编者注

是一个长期结构性的问题。

全面注册制下创投行业必将进行一场洗牌，要想获得期望的良好收益，投资阶段必须更加前移（即真正“投早、投小、投科技”），而赋能阶段必须更加后移（即对上市公司持续增长进行长期有效赋能）。

在全面注册制下，Pre-IPO 策略将只能成为补充性策略，二级市场公司估值中枢将持续下移，上市企业必须关注其企业价值的持续成长，“第二曲线创新”也将更为迫切，这迫使投资机构在企业上市后仍需提供长期专业赋能，而不是在上市后将股票“一卖走之”。

与此同时，早期项目尤其是科技创新项目风险高、不确定性强、周期长是普遍特点，如何化解这些挑战？为此，专业投资机构的核心能力建设就变得尤为重要，事实证明,“撒种子”的早期投资策略并不成立。

因此，**那些具备向前早期投资和向后长期赋能的专业投资机构才可能成为注册制的赢家。**

伟大公司高成长红利与退市公司高风险将并存

过去 ST 重组股受到很多投资者热捧，但是在注册制之下，上市更容易，退市风险越来越大，“壳”价值非常小，日益趋近于零。

对二级市场的投资者来说，不能再抱着投机的态度参与投资，必须深入研究行业、企业，选择真正具备长期成长性的公司进行长期持有，才可能提高投资胜率。短期炒作、频繁买卖的所谓传统“炒股”逻辑难以为继。

注册制意味着更多企业更早更快地上市，过去上市公司普遍上市晚、上市后增长即放缓，如今，一批在注册制下上市的优秀企业上市更早更快，上市后依然能保持快速增长。对于众多优秀企业，上市才是真正发展的起点。因此，优秀企业高成长的红利将不再是一级市场的专属，二级市场也有望分享优秀企业高成长的红利。众多知名科技公司的发展历史表明，在公司创立的 20 年时间内，前 10 年创造的资本市场价值仅为 4%，后 10 年创造的资本市场价值为 96%。

当然，与此同时，更多更早更快上市的公司也可能会更快地出现“变脸”，二级市场“踩雷”的风险也在急剧提高。

因此，某种意义上，全面注册制下的二级市场投资将出现越来越多一级市场投资特征，即专业性门槛越来越高，持股周期将显著拉长，有效收益更多来自企业的内在价值成长。

不能实现持续高增长的企业将不再适合上市

对于已上市公司，全面注册制并不是好消息，上市额度稀缺性带来的溢价甚至是“保命符”正在快速消退。

已上市公司如果不能及时有效推进第二曲线创新，不能实现持续增长，很快就会发生市值下跌，最终实控人、投资人未必能赚到钱。很多创业公司铆足一股劲儿冲上市了，但可能最后也会是“竹篮打水一场空”。

所以，企业必须建立起一个基于 10 年、20 年的长周期可持续增长逻辑，才值得走向资本市场。否则就应该踏踏实实做一家赚钱的公司，或者卖给上市公司，这其实也是非常成功的结局。

全面注册制来临时，企业家、创业者应深刻思考：我的企业真的适合上市吗？在 5 ～ 10 年之后，我的企业还能保持高增长吗？还能值钱吗？在退市常态化的**全面注册制下，上市未必是企业家和创业者正确的选择。**

上市机会应该留给那些能够实现长期持续高增长、能够实现第二曲线、第三曲线创新的优秀企业，长不大的“小老树”确实没有上市的必要，即使上市了，也应该及时退市。

长期以来，盛景作为 CIC 产业孵化这一创新模式的倡导者和实践者，以合作共享模式链接科学家、赋能者，共同帮助上市公司孵化新的创新企业，从而完成向第二曲线甚至第三曲线的跨越发展。在全面注册制下，这将是上市公司、拟上市公司最大的刚需。

商业创新方法论

6 个观点，完整解读“全面注册制”

- 观点 1：中国正在从房地产驱动转向权益性资本市场驱动
- 观点 2：注册制是对 LP 出资人的重大制度性利好
- 观点 3：“退市常态化”才是终极决战
- 观点 4：VC / PE 行业正在进入新的高质量发展阶段
- 观点 5：伟大公司高成长红利与退市公司高风险将并存
- 观点 6：不能实现持续高增长的企业将不再适合上市

THE PARADOX OF CHANGE

11

巴菲特，你学得会

我们在做着继承者的准备，但我还没有准备要退休，我目前仍在加班工作，从来没有觉得累。我从事的是世界上最有意思的工作。

沃伦·巴菲特

在当下这个时间点，学习巴菲特所倡导的长期主义、拥抱国运的价值观具有重要意义。

近年来流行一个词叫“抄作业”，这体现了一种吃快餐、图省事的急躁心态。我们每个人所处环境，天时、地利、人和等各维度因素是完全不同的，甚至在全球疫情的背景下，每个城市、每个国家的情况和做法都是不一样的，又怎么能“抄作业”？

如果你没有一家拥有 1 640 亿美元（2022 年末）浮存金的全资保险集团，那么抄巴菲特的作业难于登天。但是巴菲特的投资理念和人生哲学是可以借鉴的，成功无法复制，但智慧可以传承。

看懂伯克希尔和巴菲特的本质

要学习巴菲特的投资哲学，首先要看懂伯克希尔和巴菲特的本质。

巴菲特本质上是一个多元控股实业集团的企业家，投资只是巴菲特的一种手段，是他的副业。

伯克希尔本质是一家保险（控股投资）公司和实业产业公司双轮驱动的超级物种。

从早年的参股型投资，到今天的控股型实业并购，巴菲特取得了巨大成功，也成为价值投资的典范与标杆。他早期的参股型投资目标是烟蒂股[①]、差公司，因为价格便宜，后来逐步进阶到投资优质公司、净资产有很大折扣的价值性投资。巴菲特成功的关键在于控制了美国经济各类基础设施型企业。

① 烟蒂股指实际价值高于市场估值的上市公司股票。——编者注

伯克希尔公司最大的优势是超大规模、几乎没有成本、长周期的保险浮存金。超大规模是多大呢？2021年底，伯克希尔保险浮存金的规模是1 470亿美元。

现在，巴菲特的保险集团由数十家保险公司构成，2021年的营收是751亿美元。规模庞大的保险浮存金几乎是没有成本的资金，在覆盖了保险赔偿金额以后，保险资金就可以用于中长期投资。保险公司每年有赔偿支出，同时不断有保费滚入，资金余额不会出现大规模的下降，所以保险浮存金可以做长周期投资。这是伯克希尔巨大的发动机、巨大的优势来源，是绝大多数人学不了巴菲特的主要原因。

巴菲特除了做控股型收购之外，还进行参股型、高股权占比的股权投资，这样他才有话语权，对这些公司才有影响力。

最近几年，大量美国上市公司用回购股票的方式推高股价。巴菲特鼓励上市公司的回购行为。苹果公司更加极端，经过连续多年的巨额回购后，它的净资产大幅下降。该公司2021年的净资产收益率将近150%，是极为惊人的数字，巨额回购推动了苹果股价大幅上涨。动用巨额资金用于股票回购，这对苹果公司的市值影响非常大，在当年公司的股东中引起了很大的争议。伯克希尔利用在苹果公司的高股权比确保了话语权，这样获得投资收益就更有主动权。

伯克希尔通过持续扩大的保险浮存金、投资收益，以及旗下企业的经营利润，不断提升投资和收购能力。现在中国保险公司做投资，都是一些非常保守的小股权比例投资，投资回报率比较低，只有 3% ～ 4%。而巴菲特做投资，把主要精力放在控股型收购上，即使是参股也是追求高股权占比。

伯克希尔和传统保险公司完全不同，伯克希尔重构了保险公司商业模式。而一家 VC/PE 投资公司，难以获得像保险浮存金这样超大规模、超长周期、超低成本的资金，所以伯克希尔不是一家传统意义上的投资公司，其商业本质是一家进取性极强的保险（控股投资）公司和实业产业公司双轮驱动的公司。从传统保险公司和投资公司视角看，伯克希尔其实是“新物种”，在顶层商业模式层面实现了重大创新。

再来看伯克希尔的股东架构，它使用了美国企业常用的

AB 股结构，以确保巴菲特对伯克希尔公司的掌控权，让他可以不受干扰地坚定推行长期主义。B 类股可以获得的股息和分配权相当于 A 类股的 1/1 500，投票权相当于 A 类股的 1/10 000。巴菲特拥有 16.2% 的整体股东权益和 32.1% 的投票权，查理・芒格拥有 0.3% 的整体股东权益和 0.6% 的投票权，保险业务主席和非保险业务副主席持有的投票权和股东权益均不到 0.1%。

透过现象看本质，巴菲特是美国顶级实业企业家和领导力大师，投资只是他经营企业的战术手段。

2019 年至 2021 年，伯克希尔的保险和实业企业每年贡献可用于投资的净现金流达到了 390 亿美元，这是一个非常庞大的数字。即使在扣除铁路和能源业务相对庞大的资本性支出后，依然有非常充足的现金流可以用于未来的投资。

为什么说伯克希尔是一家实业公司呢？我们看它的年报中的业务构成，就能更深入地理解伯克希尔的本质。

伯克希尔重仓投资了美国的基础设施产业，投资领域遍布各行各业且资产规模庞大。

比如铁路业务，巴菲特认为北伯林顿铁路业务如果改成卡车运输，美国的碳排放就会“爆棚”，因此北伯灵顿铁路公司在可预见的未来都不会被取代。这家公司在 2021 年创造了 60 亿美元净收益，是伯克希尔在 2008 年金融危机以后花了 260 亿美元重金收购的公司，是一家典型的基础设施公司。

再比如能源业务，这块业务为伯克希尔贡献了 9% 的营收和 10% 的利润。伯克希尔控股的这家公司是一个公共事业集团，在风能、太阳能这些新能源领域也是美国非常有代表性的公司。

巴菲特曾经说过，他的主要工作是看年报，既要看伯克希尔所控制公司的年报、季报，同时还要看每家子公司 5 ～ 8 家竞争对手的财报。当你知道了伯克希尔庞大的产业版图后，你才能体会到这是多么巨大的工作量。

先看伯克希尔的制造业，收入和利润贡献更是双双超过 25%。伯克希尔制造业板块涉及 60 多个国家、全球将近 660 个工厂，包括工业品、建筑产品、消费品行业的众多企业。这些企业多数是隐形冠军企业。

工业品领域代表性企业 IMC 是一家切削刀具公司，是以色列伊斯卡公司的母公司。盛景曾组织企业家出资人赴以色列考察伊斯卡公司，发现这家公司下午 3 点多就下班了。我们中有人问伊斯卡公司的高管：为什么工作这么轻松？他们的回答深深震撼了我们一行人："只有站在价值链的顶端，才有资格享受生活。"

还有马蒙公司（Marmon），这一家公司就有 10 个业务群，涉及餐饮、水处理、汽车后市场等领域。金霸王电池品牌，也是伯克希尔收购的制造业公司。

再来看伯克希尔的分销业务：麦克莱恩（Mclane）是给各种各样的便利店、销售商、药店等提供杂货配送、餐饮服务、饮料配送的企业，即提供供应链服务。或者，我们也可以称它为产业互联网平台。其中，它给沃尔玛、7-11 和百胜品牌店提供的分销业务占比分别为 16.5%、13.9% 和 11.5%。这些大客户占了麦克莱恩业务的 40%。

还有伯克希尔的服务和零售业务，比如说 NetJets 是提供共享包机航空服务的公司，这家公司非常有特色，让客户可以共享私人飞机的"航时"，是比较早的共享经济模式。

当然还有各位读者非常熟悉的 DQ 冰激凌、喜诗糖果等。

巴菲特不仅是投资大师，更是领导力大师。能够把各行各业这么多企业领导好，是非常有难度、非常了不起的一件事。

如果说巴菲特是位实业企业家，很多人会认为他和国人的关系不大，但当传说巴菲特是“股神”时，就立刻受到了上亿股民的关注，就迅速“出圈”了。但伯克希尔的基本盘其实是美国各行各业的实业资产和保险业务，然后才是它的非控制性投资业务。

在伯克希尔的主要参股型持仓中，它持有美国运通公司 19.9% 的股份，持有苹果公司 5.6% 的股份。苹果公司的这部分股票价值一度达到了 1 600 多亿美元，这是一个非常庞大的数字，如此巨大的资金体量，已经是最初的 5 倍。还有，伯克希尔为股民津津乐道的对可口可乐的投资，持股比例为 9.2%。伯克希尔最近连续买入了日本几家公司的股份，包括伊藤忠、三菱、三井等，都是非控制性投资业务。伯克希尔也长期持有比亚迪的股份，曾获得约 40 倍的升值。

很多读者关心：如果巴菲特不再担任伯克希尔的董事长，退休了，伯克希尔会怎么样？

其实从上面的分析我们可以看出，伯克希尔持有了美国众多实业企业和美国基础设施企业的股份，这些企业称得上各行各业的产业毛细血管。伯克希尔的基本盘就是美国的基本盘，只要美国的基本盘不崩，伯克希尔就会持续发展。

中国媒体对巴菲特的定位是“股神”，为了达到神话效果，都在宣传伯克希尔以小博大只有一个不到 30 人的极小投资总部，以此创造了神话一般的传说。伯克希尔的总部员工数量确实极少，但截至 2021 年底，伯克希尔及其合并子公司在全球雇用了 37.2 万名员工，其中 77% 在美国。

真正的伯克希尔是一家多元实业控股集团，伯克希尔的基本盘是美国各行各业的基础设施和实业资产，几乎可以等同于美国的底盘。巴菲特要做的就是让各控股企业独立经营、自动运转，在其所在的市场中获得竞争优势，构建护城河，而他本人会专注于做好集团的资本配置执行和各子公司 CEO 的选择。

巴菲特投资策略的演进，一部公司进化史

当我们看到今天庞大的伯克希尔，可能第一反应就是："这件事实在是太大了，我学不来。"但是任何大公司都是从小企业一步步成长起来的，在成长过程中难免"踩坑无数"，伯克希尔也是如此。

巴菲特出生于1930年，在1956年他26岁的时候成立了"巴菲特有限合伙公司"。他把亲戚朋友的钱募集起来进行投资，取得了非常好的投资组合业绩。在运作了十几年之后，巴菲特发现美国股市涨得非常离谱，买不到便宜的股票，于是就把合伙公司解散了。

1965年，巴菲特因为赌气收购了伯克希尔，这家公司当时是做纺织业务的。这次收购给巴菲特造成了长时间的困扰，因为当时纺织业务已经江河日下。但这次收购展现了巴菲特控股实业集团的萌芽，当然也促使巴菲特反思不能再捡"烟蒂"、不能只买便宜货，而是要找到一家优秀的公司，在它价值低的时候购入。

伯克希尔现在在进行收购时通常使用纯现金收购，不采用换股型收购，因为巴菲特觉得伯克希尔股票的价值远远大于被投公司股票的价值。巴菲特曾经在收购一家鞋业公司的时候采用了换股收购的形式，后来发现如果用股票折算，收购那家鞋业公司实际上支出了 150 亿美元，相当不划算。从那以后，善于复盘总结的巴菲特原则上都使用纯现金的方式进行收购。

我接下来重点介绍巴菲特控制保险业务的简要过程，这也是巴菲特走上事业巅峰的关键转折，是巴菲特从平凡走向传奇的“画龙点睛”之笔。

1967 年，巴菲特用 860 万美元收购了国民保险公司。小试牛刀后，1976 年起，伯克希尔收购了 Geico 1/3 的股权，迈出了伯克希尔收购保险业的关键一步。整个研究、参股、收购过程凸显了巴菲特的才华和坚韧，更是巴菲特长期主义的经典案例。

Geico 公司董事长是巴菲特的人生导师、价值投资之父格雷厄姆。巴菲特 19 岁读到格雷厄姆的著作后，就不断搜索导师投资了什么公司，并跟随导师购买股票。

巴菲特的自驱力非常强，在 1951 年他 21 岁时，得知格雷厄姆是 Geico 公司的董事长，于是就独自来到这家保险公司拜访。因为巴菲特是董事长的学生，所以这家公司的副总裁就和巴菲特聊了 4 小时。当时巴菲特用全部资产 1 万美元买了 Geico 的股票，一年后获得了 50% 的收益，年轻的巴菲特就像散户一样把这 1 万美元买入的 Geico 股票全部出售，错过了 Geico 股票后续多年的暴涨。这给年轻的巴菲特留下了深刻的教训。

从巴菲特 1951 年独自前往 Geico 保险公司拜访，到 1976 年开始批量购买这家公司的股票，斥资 4 570 万美元购买了该公司 1/3 的股权，再到 1996 年以 23 亿美元完成全资收购，历时长达 45 年。这是一个经典的长期主义案例。可见巴菲特事业的起点之早，21 岁时就已经开始独自走访调研企业，并用很大一部分个人身家购买一家公司的股票。巴菲特不仅活得久、干得久，而且起步早、起点高。

2022 年 3 月 21 日，巴菲特以 116 亿美元现金收购了保险公司 Alleghany。巴菲特关注这家公司长达 60 年之久，直到伯克希尔的一名员工到 Alleghany 担任 CEO 之后，才在一个偶然的机会中迅速出手收购。巴菲特会用非常长的周期观察一家优秀的公司，寻找合适的时机以非常划算的价格收购，由此可见，巴菲特是一个有超级耐心的投资人。

我想到中国的一句古话“动如脱兔，静如处子”，巴菲特等待机会的时候可以像猎手一样耐心等上几年、几十年，而在进行收购谈判的时候，他往往会在一周或两周就结束战斗。各位企业家、创业者在事业与投资方面，是不是应该也有这样的长久耐心？

当你看到伯克希尔公司发展历程的时候，你会发现巴菲特并不是从第一天开始就走在正确的道路上，他也是“踩坑无数”，只是巴菲特极善于复盘和总结，依靠不断进化才最终实现了伯克希尔的成长。

巴菲特凭借超群智慧、超长耐心、超级自驱力，在美国近七八十年迅速发展的国运的加持下，同时把握住了对伯克希尔极为重要的保险业务控股的机会，在天时地利人和等共同作用下，最终通过控股实业公司和股权投资造就了连续60 年复利 20% 的商业奇迹。

巴菲特的投资哲学

对企业家、创业者和投资人来说，巴菲特的智慧是可以传承的，关键在于你能否战胜人性、能否战胜自己。

在伯克希尔每年的年报、股东大会上，巴菲特的观点都很类似，甚至讲的都是常识。巴菲特特别推崇的理念叫“一致性原则”。10 年、几十年前讲的话，今天还这么讲、还这么做。每年股东大会，大家总是希望巴菲特传授些“神技”或者讲讲新东西，往往会选择性忽略巴菲特所强调的基本原则和理念。

回归并真正践行巴菲特几十年来所阐述的那些理念和智慧，相信对企业家、创业者的事业、家族传承、幸福人生等都会大有启发。

坚持长期主义

巴菲特投资理念的核心底层逻辑是：长期主义。

巴菲特用了长达45年时间从调研到参股，最后全资控股美国第四大保险公司——Geico，这是巴菲特事业中最为重要的一次收购。

巴菲特持续60年长期观察Alleghany保险公司（“迷你版”伯克希尔），在2022年仅用两周时间就完成了对Alleghany的收购。

巴菲特一再强调，如果你没有持有一家公司股票10年以上的打算，那就连10分钟都不要持有它。

反观中国股市，很多股民都是在“炒股票”，快进快出才叫“炒”，不能快进快出的人就闷在里头了。“炒”股票的这个“炒”字用得非常传神。

巴菲特买入股票后不会频繁地买进卖出，因为过程中一旦出现调仓，往往意味着这是不成功的投资，巴菲特买入股票是不愿意卖出的。这与中国多数股民买股票、炒股票的出发点完全相反，注意，是完全相反。

巴菲特认为，好公司的数量非常有限。既然全世界的好公司这么少，决定投资时就要重仓，就要通过高股权比例掌握话语权。

长期主义关注企业内在价值的长期性和护城河，而市场价格和企业内在价值常常会背离，所以投资人、企业家要忽略掉市场价格的噪声。为什么巴菲特要远离华尔街，待在奥马哈那样一个偏远的小镇上？这不仅是巴菲特的个性使然，很大程度上也是因为要想坚定地信奉长期主义，必须屏蔽掉短期噪声的干扰。

伯克希尔所投资的公司都是跨越长周期的。这源自巴菲特的思考：这家公司看着好像普普通通，但它有“护城河”，它能够与时俱进、持续成长进化。

巴菲特对科技公司，或者狭义上说对消费互联网公司的投资态度比较保守，就是因为这些公司看起来不易构建护城河，因为新技术会随时颠覆现有领先者。

巴菲特不仅关注内在价值、“护城河”，还会选择在相对低点买入，这就把绝大多数企业从投资清单中划掉了。按照巴菲特的导师、“价值投资之父”本杰明·格雷厄姆的标准，要以低于净资产 2/3 的价格买入。这种机会太难等了，除非遇到股灾、天灾或者人灾，所以巴菲特讲出了那句众人皆知的名言：“在别人贪婪时你要恐惧，而在别人恐惧时你要贪婪。”

巴菲特的投资纪律太严格、太苛刻，这也使得他在投资之后，管理相对宽松，充分信任 CEO，向 CEO 充分放权，并不像 3G 资本那样强调铁血般的降本增效，也没有像美国丹纳赫集团（Danaher）那样强调 DBS 赋能系统。

好的开始是成功的一半，巴菲特苛刻的投资选择标准是其成功投资的首要保障。

伯克希尔的长期主义投资，看着极难，但我们通过理性思考、长期实践、不懈努力还是有可能实现的。

相比之下，判断短期宏观经济、股市、公司股价反而难度更高，和抛硬币、掷骰子一样，成功只能靠运气。在这方面，经济学家和普通人并没有什么区别。虽然经济学家能讲出一堆模型，但在短期股市判断上也只能靠运气，所谓的专业投资人亦是如此。

当年亚马逊创始人杰夫·贝佐斯曾经问过巴菲特一个问题：“你的投资策略实在太简单了，为什么没有人能复制你的成功呢？”巴菲特的回答充满了智慧：**“因为没有人想要慢慢变富。”**

这句话放在今天的中国则是振聋发聩的警世箴言。

过去 20 年，国人一直热衷于“挣快钱”，上到企业家，下到年轻人，没有人想要慢慢变富。巴菲特之所以能够成为投资大师，根本原因是他战胜了自己、战胜了人性，这恰恰是学习巴菲特最难的地方，也恰恰是学习巴菲特最容易的地方。

在 2022 年的股东大会上，巴菲特说：“我 91 岁了，但仍然很健康。芒格 98 岁了，与他相比，我还只是个孩子！我们在做着继承者的准备，但我还没有准备要退休，我目前仍在加班工作，从来没有觉得累。我从事的是世界上最有意思的工作。”

一位 93 岁、在福布斯富豪榜上排前五位的老人，还是每天加班工作不觉得累，觉得自己做的是全世界最有意思的工作。这就是“热爱”，说不出为什么，就是因为喜欢做这件事情。

你生来就是做这件事情的，做这件事情是你最擅长的，这种成就感让你觉得有趣，既不是为了钱也不是为了名。当我们找到了这种感觉，无论做投资、做企业、做慈善、做政府公务员、做教师，都会觉得既有趣又有意义，用巴菲特的话讲就是“跳着踢踏舞去上班”[①]。

这种既有趣又有意义的愉悦感，是巴菲特坚守长期主义的内在精神基础。他乐在其中，并不觉得苦和累，更不觉得艰难。

作为企业家、投资人，你肯定会担当更大的责任和压力，你怎样能够像巴菲特一样，在 60 岁甚至七八十岁时，依然热爱你的事业，亦是值得我们思考的话题。

---

① 沃伦·巴菲特的箴言录《跳着踢踏舞去上班》是全球投资界公认的解读巴菲特的必读之书。该书中文简体字版已由湛庐策划、北京联合出版公司于 2017 年出版。——编者注

中国不仅要弘扬和发挥企业家精神，亦应积极思考如何延长企业家、投资人的“生命”周期，应大力保护和积极鼓励企业家、投资人秉承长期主义精神，为中国经济发展、公益事业做出更大贡献。优秀的企业家、创业者是中国最大的财富和积淀，如果企业家、创业者都选择早早地退休，那是中国经济的巨大损失。

今天，中国的年轻人衣食无忧，怎样找到既有趣又有意义的 feeling 呢？怎样找到自己的热爱？年轻人是中国的希望与未来，不应早早地“躺平”。

巴菲特 5 岁就开始卖可乐、11 岁就买股票、21 岁就主动独立调研企业，超级自驱力是巴菲特事业成功的起点。所以，我们不仅要向 93 岁时的老年巴菲特学习，年轻人也应该学学 21 岁时的年轻巴菲特。企业家、投资人尤其应该让下一代接班人尽可能早地学学那个拥有自驱力的年轻巴菲特。

复利的秘密

巴菲特投资理念的第二层叫“复利”。

巴菲特说过复利是“世界第八大奇迹”，他的搭档芒格也说过:“当你认识到复利的价值和难度，你就明白了一切。”

伊斯兰教学者在 1256 年记载的一段故事。这个故事听着像极了“成功学”的故事，但巴菲特真正相信这个故事背后的复利逻辑，并且终身实践。

传说，古印度的国王想要奖励发明国际象棋的宰相，于是问宰相想要什么。宰相说：“陛下，我不要您的金银珠宝，您只要在我的棋盘上放上一些麦子作为奖励就可以了。请您在这张棋盘的第一个格里赏给我 1 粒麦子，第二个小格里给 2 粒，第 3 个小格给 4 粒，以此类推，后面每一个小格里麦粒的数量都是前一个小格里麦粒数量的 2 倍，直到放满 64 个小格。”

那么放满这个棋盘的麦粒有多重呢？

大约为 5 500 多亿吨。2021 年，中国的小麦产量也只有 1.37 亿吨。很多人把这种像极了“成功学”的故事当作垃圾，或者当作脑筋急转弯一笑了之。但是当巴菲特听到这个复利故事的时候，他坚信自己找到了商业世界的真经。

> 在 1962 年巴菲特致股东信中，他讲了一个故事：1492 年，西班牙女王支持哥伦布航海，为他提供的财政资金大约为 3 万美元。如果她没有把这笔资金用于支持航海，而是以每年 4% 的复利投资某个项目，那么到了 1962 年，这笔资金将会增值到 2 万亿美元！

巴菲特不仅这么说，也是这么做的，他是真正用复利秘密赚到天文数字般金钱的投资人。

在过去 30 年里，中国经济增长平均水平为每年 10% ～ 15%，经济总量是 30 年前的数十倍。我们每个人都是受益者。现在，中国的经济总量大约是美国的 70%，只要再用 10 年时间，即使每年只有大约 5% 的增长率，中国的经济总量就可能超过美国，这是通过复利公式计算得到的潜在结果。

更何况，如果按照购买力平价指标计算，中国的 GDP 已经大约是美国 GDP 的 120%。

各位企业家、创业者，如果你的企业未来 10 年按照每年 30% 的复利增长，10 年后，它的规模就是今天的 13.79 倍。所以，企业家和创业者应该思考企业未来 10 年能否实现 30% 复利的持续增长。即使按 20% 的复利增长，10 年后，你的企业的规模也会是今天的 6.2 倍，这同样很振奋人心。

复利，看起来平淡无奇，却又那么神奇，只是它需要长周期的坚守，需要做时间的朋友。

在消费互联网高歌猛进的时候，很多人觉得巴菲特过时了。但随着消费互联网的治理、股市的重创和疫情带来的冲击，回想巴菲特的话，会更深刻地感悟到他的智慧。

将 1965 年至 2021 年伯克希尔的股票表现与标普 500 指数对比，我们会发现，标普 500 指数的年复合增长率为 10.5%，57 年间累计上涨约 300 倍。虽然这期间美国股市股价波动极大，越战、石油危机、互联网泡沫、次贷危机、新冠疫情都对美国股市造成了巨大冲击，股价的短周期表现犹如过山车。但如果拉长周期，我们会发现标普 500 指数的表现非常亮眼，这也就是所谓的“美国顺风”。与标普 500 指数对应的是伯克希尔的股价在同一时间段内实现了 20.1%

的复利增长，股价累计涨幅达到 3.6 万倍。

标普 500 指数和伯克希尔的股票表现，每一年的年化增长率，前者是 10%，后者是 20%，感觉差得并不多，但是以 57 年为周期，累计增长一个是 300 倍，一个是 3.6 万倍，简直是天壤之别。这就是复利的力量。

2015 年，中国经济高歌猛进之时，国人并不太在意巴菲特的长期主义和复利逻辑，但是在今天这个时点上，相信会有越来越多的人关注巴菲特的长期主义和复利，相信未来 10 年、20 年，会有越来越多的人习惯慢慢变富，因为你只能慢慢变富，快速变富的时代已经一去不复返了，我们需要学会顺势而为。

还有一个例子能帮读者加深对复利的理解。一个纸板厚度只有 1 厘米，连续对折 20 次最后的高度是多少？会达到 10 485 米。如果每次对折完以后削掉 30%，最终的厚度会急剧下降，只有 8.37 米。

由这个例子引出的话题是格雷厄姆教给巴菲特的投资原则中非常核心的一条：**本金安全。投资的第一条原则是不要**

赔钱，第二条原则是永远不要忘记第一条。

如果想要获得长期复利，要尽最大努力避免中间的亏损，可以少赚钱，但是原则上尽量不亏钱。一旦亏钱对复利进程的损耗远超想象。

巴菲特的这些投资理念一环扣一环，自成体系、逻辑自洽，是已经形成高度闭环的投资理念和哲学。要实现长期主义，关键在于复利；在追求复利的过程中，要特别注意你的本金安全，中途不要有大的亏损或折损。

专注于自己的能力圈

坚守长期主义、期待复利奇迹，不仅要看一家公司今天的价值，更要看到它 10 年、20 年以后的内在价值和“护城河”，所以对行业和企业有深度研究的人才能获得长期主义的丰厚收益。

巴菲特投资理念的第三层是能力圈原则。该原则是指，凡是在能力圈内的钱，就应该赚到。超出了能力圈，跟我就没关系了，这份钱本来就不该我赚。如果你没有赚到你能力圈内的钱，那才叫遗憾；如果你在能力圈外赚到了钱，只是因为运气好，可能早晚会赔回去。

正是对能力圈有敬畏，所以巴菲特很少介入科技公司，或者更准确地说是消费互联网公司。不是说科技公司不好，而是因为巴菲特的能力圈并不是无边界的，巴菲特驾驭不了这类投资。

当然，人的能力圈可以拓展，这也是为什么巴菲特经常提及“**最好的投资是投资自己，投资自己的学习**”。

乔布斯去世之后，巴菲特选择投资苹果公司，因为他发现自己的孙女一直玩手机，不和他聊天。同时，巴菲特的投资助手推荐了苹果公司。从消费品牌公司的角度而非科技公司的角度，巴菲特最终理解了苹果公司，认识到了苹果公司的护城河，最终做出了重仓投资苹果的重大投资决策。

还有一种拓展能力圈的方式，那就是委托专业机构中的专业人士做专业的事。比如，巴菲特将其主要财富委托“比尔及梅琳达·盖茨基金会”做公益慈善，而不是自己亲自去做慈善。巴菲特做投资专业，但是做慈善，就未必专业了，反倒不如委托专业人士来做专业的事。

坚定拥抱国运

巴菲特投资理念的第四层非常重要、非常有特色，那就是“拥抱国运”。在百年未有之大变局下，对今天的企业家、创业者和投资人乃至股民来说，拥抱国运的理念都具有非常重要的现实意义。

巴菲特在2019年致股东信中写道：

> 到今年3月11日，是我首次投资一家美国公司77周年的日子。那一年是1942年，我11岁，花了114.75美元购买了城市服务公司3股优先股。
>
> 在1942年的春天，美国及其盟友在3个月前才卷入的一场战争中遭受到了巨大的损失，坏消息天天传来。尽管有令人震惊的头条新闻，但几乎所有美国人在那年的3月11日都相信美国会赢得战争的胜利。他们的乐观也不局限于这一胜利，撇开

先天的悲观主义者不谈，美国人相信他们的孩子和后代，生活会比他们自己的要好得多。

我们国家几乎难以置信的繁荣是以两党合作的方式实现的，自1942年以来，我们有7位共和党总统和7位民主党总统。在他们任期内，这个国家在不同时期经历了病毒式的通货膨胀、21%的利率、代价高昂的战争、总统辞职、房屋价值全面崩溃、导致社会瘫痪的金融恐慌以及一系列其他问题，所有这些都产生了可怕的头条新闻，而现在一切都已成为历史。

回顾过去77年的投资历史，我和查理高兴地承认，伯克希尔的成功在很大程度上只是搭了美国经济的顺风车（即“美国顺风”），在下一个77年，我们的主要收益大概率仍将来自“美国顺风”。

我认为对“中国国运”的投资亦是如此，大家目前会感觉彷徨、迷惑，但从长远来看，当下的困难终将成为历史。中国终将迈过今天的挑战，因为中国人勤劳、勇敢、受教育程度高，中国拥有全球规模最大的市场和强大的生产供应链能力，中国一定会走向更大的成功，这是历史的必然。

当然在中国发展的进程中，我们必然面临各种各样的挑战、烦恼、忧虑，每个人也会有各种忧愁与痛苦。从个体的角度看，这些往往像一座大山，但是从国家的角度看，一切真的只是一粒尘埃。历史的车轮，一定会向前发展，中国一定会不断进化和进步。

绝大多数中国企业家、创业者、投资人的财富，未来只会来自中国或依托于中国强大国力的支撑和保护。多数中国企业都需要立足于中国本土市场，中国是母市场，国外市场更多是母市场的延展和外延。中国也是强大的供应链基础，或者是高性价比研发能力的支撑力量。所以，各位读者应该热切地期盼乘上“中国顺风”。

即使有些企业家因各种原因选择了移民，但是你的员工、客户、事业都在中国，未来你的财富将依然主要来自中国。这是我们出生的那一天就决定了的现实。

在今天这个时点上，信心比黄金更重要。大家可以抱怨，但是抱怨之后，还是要投身到中国经济的发展和建设之中，更重要的是建设性建言献策，亲手创造未来的财富。

巴菲特的投资与人生哲学，可以概括为以下 3 个重要方面。

第一，在企业经营或者投资上追求可持续的中长期复利回报。

大家要接受一个现实，在中国由高速增长转入中速乃至低速增长的背景下，我们只能慢慢变富。投资中国，有可持续、中长期的复利回报潜力，这仍然是全球最有吸引力的事业热土。

第二，在工作中追求卓越，在生活中知足常乐。

我们千万不要搞反了。当我们有了这样的人生哲学以后，一定会过得更幸福、更潇洒。就像我自己的微信名“宁静以致远”一样，我们既要内心宁静，又要看到远方。

第三，保留生活所需的一切，其余的用于帮助他人。

未来，当我们有更多的财富时，可以帮助有需要的人，实现“共同富裕”，但这并不妨碍我们享受生活，因为这些财富是我们努力打拼创造的。此外，我们也应该充分考虑子女未来发展成长需要的资源。

实现家族财富的传承是企业家所应承担的责任，但企业家未来应更多参与 ESG 这类关注企业环境与社会治理的投资和企业经营行为。每个企业、每个家族，都应该在力所能及的时候承担更多的社会责任，因为只有整个社会环境更好了，企业家才会更安全。

谨以此文向我的投资和人生哲学榜样、93 岁的巴菲特致敬，祝愿老爷子跳着踢踏舞工作到 100 岁。

商业创新方法论

读懂巴菲特的人生哲学

- 第一，在企业经营或者投资上追求可持续的中长期复利回报。

- 第二，在工作中追求卓越，在生活中知足常乐。

- 第三，保留生活所需的一切，其余的用于帮助他人。

后记

持续研究、实践与投资，助推中国创新事业

1998 年，我幸运地参与了清华紫光上市进程。2007 年，我创办了盛景网联，专注于赋能和帮助更多的创新创业者成长。25 年如一日，我成为中国创新事业的研究者、实践者、投资者，能够选择这个有趣、有意义、有价值的事业，是我一生的幸运。

研究是创新事业的内核与动力源泉。

16 年来，我在盛景研究院团队的支持下，研究研发了商业模式六式、极简战略九问、第二曲线创新三步曲、CIC 产业孵化五大模式等系列创新方法论和工具。相信这套创新方法论和工具在中国迈入创新驱动新时代进程中，必将被更

广泛地应用于创新创业企业的创立与发展。

93 岁的投资人巴菲特平时最重要的工作就是读年报。25 年来，我几乎每天保持着阅读 3 万字各类研究报告、年报的习惯，每周都与上市公司董事长、前沿技术科学家、新锐创业者、知名投资人深度交流。创新技术层出不穷，时代快速变迁，“认知”必须时刻与产业前沿保持同步，你必须看懂未来趋势、看透事物本质。

实践是创新事业必然组成部分。

光说不练假把式，“极简战略”“CIC 产业孵化”等每一个创新方法论和工具均需要卓有成效的执行力，才能将设想变成实实在在的商业价值。

25 年来，我将大量时间投入紫光股份、盛景网联以及众多被投企业的顶层设计、战略管理、人才招揽、组织建设等各方面，在各项重要工作的关键节点参与实践，找寻创新体感、夯实创新方法论。

为了帮助更多的创新创业者，2004 年，我和亚杰商会一群志同道合的朋友们共同发起了“摇篮计划”公益创业者培养计划，如今，亚杰“摇篮计划”是中国持续时间最长、最为成功的创业者公益培育计划。对年轻新锐创业者进行公益帮扶指导，反而可以反哺我在创新实践领域“永远在线”。

投资是创新事业的价值体现。

25 年实践以来，深切地体会到创业公司付费能力实在有限，而优秀创新创业企业最宝贵最稀缺的价值反而是其可观的股权升值空间。深度研究与创新实践最终通过创新投资创造和放大收益，才能实现商业价值与社会价值双丰收。盛景嘉成母基金和直投基金向上游服务于出资人，向下游服务于创新创业者，已收获了 200 余家企业成功上市，幸运得不负所托。

2022 年，盛景制定了更为激动人心的长期愿景，在产业创新时代，我们希望携手中国各行各业的产业公司共同孵化和培育 1 万家产业科技公司，成为中国 CIC 产业孵化的使能者与技术底座。

本书以“变与不变”的辩证主题命名，二者既对立又相互融合。只有真正洞察“变”与“不变”，才能深刻把握中国国运的脉搏，才能真正掌握面向未来 20 年的时代密码。

25 年间，互联网行业从萌芽、兴盛繁荣、再到遭遇增长瓶颈，新能源新材料、半导体芯片、医疗健康、产业数字化从默默无闻走向了舞台中央，产业一直在变迁，但新经济始终屹立在时代潮头。

25 年间，主流创业者从 20 岁出头的互联网“小鲜肉”变成了 40 多岁的产业“老炮”，但创新创业者背后的“企业家精神”永远是时代前进的基石。

值此百年未有之大变局之际，我们是坚定看多中国、坚定重仓中国的投资人，我们坚定地投资中国的未来，坚定地投资中国的创新事业。

我曾经戏称创投业是一个终生职业，因为每一只基金存续期长达 10 年，而在此基金存续期间，往往又募集了新一只创投基金，如此循环往复下去，想要退休实属不易。

期待在下一个 25 年，我们能够在中国走向全球最大经济体、实现中华民族伟大复兴的历史进程中，助力更多中国创新创业企业突破“卡脖子”，推动各产业链降本提效，构建赋能型低摩擦产业共同体，服务全国人民的美好生活。

道阻且长，行则将至。行而不辍，未来可期。

未来有多近，在于你已经走了多远

稻盛和夫说：“为了磨炼心灵，我们没有必要特地去坐禅，没有必要居深山。只要将全部精力投入眼前的工作，在当下这个瞬间极度认真、极度专注，就是任何方法都无法替代的精神修行。”

在本书写成之时，稻盛和夫先生刚刚高寿善终，人生圆满。想起 2011 年 6 月，盛景曾经联合主办了稻盛和夫北京大型报告会，记得稻盛和夫当时患了重感冒，大家都希望老先生赶紧休息，毕竟他当时已经 78 岁高龄，但整整两天，他都在聆听报告。老人家腰杆挺直、全神贯注的“入定”状态，令我非常钦佩和感动。

稻盛和夫老先生一生笔耕不辍，众多经典作品每次重新读来都有不同的体验。因此，我平时但凡有一点余暇，就坚持把这些年来研究、实践、投资的经验和教训整理成文，分享给更多的企业家和创业者。在思考和整理的过程中，我自己永远会是那个最大的受益者。尽管理论架构和实践指引绝非完美，但如果读者能从此书中有些许感悟和收获，我就非常满足了。

作为一位持续投身中国创新事业 25 年的研究者、实践者、投资者，我了解创业者的梦想与雄心、困惑与纠结、欢喜与伤痛，也曾经帮助很多优秀创业者成功上市。创新创业之路从来不会是坦途，此中艰辛，冷暖自知。但如稻盛先生所说，只要你将全副精力投入眼前的工作，在当下这个瞬间极度认真、极度专注，就是任何方法都无法替代的精神修行。

未来有多近，在于你已经走了多远。未来有多美，在于你与谁同行。在工作中追求卓越，在生活中知足常乐，愿与更多创新创业者共同携手迈向更美好的未来。

未来，属于终身学习者

我们正在亲历前所未有的变革——互联网改变了信息传递的方式，指数级技术快速发展并颠覆商业世界，人工智能正在侵占越来越多的人类领地。

面对这些变化，我们需要问自己：未来需要什么样的人才？

答案是，成为终身学习者。终身学习意味着具备全面的知识结构、强大的逻辑思考能力和敏锐的感知力。这是一套能够在不断变化中随时重建、更新认知体系的能力。阅读，无疑是帮助我们整合这些能力的最佳途径。

在充满不确定性的时代，答案并不总是简单地出现在书本之中。“读万卷书”不仅要亲自阅读、广泛阅读，也需要我们深入探索好书的内部世界，让知识不再局限于书本之中。

湛庐阅读 App：与最聪明的人共同进化

我们现在推出全新的湛庐阅读 App，它将成为您在书本之外，践行终身学习的场所。

- 不用考虑“读什么”。这里汇集了湛庐所有纸质书、电子书、有声书和各种阅读服务。
- 可以学习“怎么读”。我们提供包括课程、精读班和讲书在内的全方位阅读解决方案。
- 谁来领读？您能最先了解到作者、译者、专家等大咖的前沿洞见，他们是高质量思想的源泉。
- 与谁共读？您将加入优秀的读者和终身学习者的行列，他们对阅读和学习具有持久的热情和源源不断的动力。

在湛庐阅读 App 首页，编辑为您精选了经典书目和优质音视频内容，每天早、中、晚更新，满足您不间断的阅读需求。

【特别专题】【主题书单】【人物特写】等原创专栏，提供专业、深度的解读和选书参考，回应社会议题，是您了解湛庐近千位重要作者思想的独家渠道。

在每本图书的详情页，您将通过深度导读栏目【专家视点】【深度访谈】和【书评】读懂、读透一本好书。

通过这个不设限的学习平台，您在任何时间、任何地点都能获得有价值的思想，并通过阅读实现终身学习。我们邀您共建一个与最聪明的人共同进化的社区，使其成为先进思想交汇的聚集地，这正是我们的使命和价值所在。

图书在版编目（CIP）数据

变与不变／彭志强著．--北京：中国财政经济出版社，2023.8（2023.9重印）
ISBN 978-7-5223-2224-7

Ⅰ．①变…　Ⅱ．①彭…　Ⅲ．①中国经济－经济发展－研究　Ⅳ．①F124

中国国家版本馆CIP数据核字（2023）第092223号

责任编辑：李昊民　　责任校对：胡永立
封面设计：张志浩　　责任印制：张　健

变与不变
BIAN YU BUBIAN

中国财政经济出版社 出版
URL：http://www.cfeph.cn
E-mail:cfeph@cfemg.cn

社址：北京市海淀区阜成路甲28号　　邮政编码：100142
营销中心电话：010-88191522
天猫网店：中国财政经济出版社旗舰店
网址：https：//zgczjjcbs.tmall.com
唐山富达印务有限公司印装　　各地新华书店经销
成品尺寸：147mm×210mm　　32开　　10.875印张　　190 000字
2023年8月第1版　　2023年9月河北第3次印刷
定价：89.90元
ISBN 978-7-5223-2224-7
（图书出现印装问题，本社负责调换，电话：010-88190548）
本社图书质量投诉电话：010-88190744